근현대 전법 선맥(傳法禪脈)

75조 경허 성우(鏡虛 惺牛) 전법선사

홀연히 콧구멍 없는 소 되라는 말끝에   忽聞人語無鼻孔
삼천계가 내 집임을 단박에 깨달았네   頓覺三千是我家
유월의 연암산을 내려가는 길에서   六月鷰岩山下路
일없는 야인이 태평가를 부르노라   野人無事太平歌

76조 만공 월면(滿空 月面) 전법선사 전법게

구름과 달, 산과 계곡이라, 곳곳에서 같음이여   雲月溪山處處同
선가의 나의 제자 수산의 큰 가풍일세   叟山禪子大家風
은근히 무문인을 그대에게 분부하니   慇懃分付無文印
이 기틀의 방편이 활안 중에 있노라   一段機權活眼中

* 제75조 경허 성우 전법선사 전함 / 제76조 만공 월면 전법선사 받음

77조 전강 영신(田岡 永信) 전법선사 전법게

불조도 전한 바 없어서   佛祖未曾傳
나 또한 얻은 바 없음을…   我亦無所得
가을빛 저물어 가는 날에   此日秋色暮
뒷산의 원숭이가 울고 있네   猿嘯在後峰

* 제76조 만공 월면 전법선사 전함 / 제77조 전강 영신 전법선사 받음

78대 대원 문재현(大圓 文載賢) 전법선사 전법게

부처와 조사도 일찍이 전한 것이 아니거늘   佛祖未曾傳
나 또한 어찌 받았다 하며 준다 할 것인가   我亦何受授
이 법이 2천년대에 이르러서   此法二千年
널리 천하 사람을 제도하리라   廣度天下人

 부송(付頌)

어상을 내리지 않고 이러-히 대한다 함이여   不下御床對如是
뒷날 돌아이가 구멍 없는 피리를 불리니   後日石兒吹無孔
이로부터 불법이 천하에 가득하리라   自此佛法滿天下

* 제77조 전강 영신 전법선사 전함 / 제78대 대원 문재현 전법선사 받음

이 오도송과 전법게는 대원 문재현 선사님께서 법리에 맞도록 새롭게 번역한 것입니다.

불조정맥 제 77조 대한불교 조계종 전강 대선사님께서는, 16세에 출가하여 23세 때 첫 깨달음을 얻고 25세에 인가를 받으셨다. 당대의 7대 선지식인 만공, 혜봉, 혜월, 한암, 금봉, 보월, 용성 선사님의 인가를 한 몸에 받으셨으며, 이 중 만공 선사님께 전법계를 받아 그 뒤를 이으셨다. 당대의 선지식들이 모두 극찬할 정도로 그 법이 뛰어나서 '지혜제일 정전강' 이라 불렸다.

33세의 최연소의 나이로 통도사 조실을 하셨고, 법주사, 망월사, 동화사, 범어사, 천축사, 용주사, 정각사 등 유명선원 조실을 역임하시고 인천 용화사 법보선원의 조실로 일생을 마치셨다.

1975년 1월 13일, 용화사 법보선원의 천여 명 대중 앞에서 "어떤 것이 생사대사(生死大事)인고?" 자문한 후에 "악! 구구는 번성(飜成) 팔십일이니라."라고 법문한 뒤, 눈을 감고 좌탈입망하셨다.

다비를 하던 날, 화려한 불빛이 일고 정골에서 구슬 같은 사리가 무수히 나왔다. 열반하시기까지 한결같이 공안 법문으로 최상승법을 드날리셨으니 그 투철한 깨달음과 뛰어난 법, 널리 교화하기를 그치지 않으셨던 점에 있어서 한국 근대 선종의 거목이라 일컬어지고 있다.

불조정맥 제78대 대원 문재현 전법선사님
- 양대 강맥 전강대법회에서 법문 중 할을 하시는 모습

오로지 정법만을 깨닫기 서원합니다.

입을 열면 정법만을 설하기 서원합니다.

중생이 다하는 그날까지 교화하기 서원합니다.

－대원 문재현 전법선사의 3대 서원

불교 8대 선언문

불교는 자신에게서 영생을 발견하게 한 유일한 종교이다.

불교는 자신에게서 모든 지혜를 발견하게 한 유일한 종교이다.

불교는 자신에게서 모든 능력을 발견하게 한 유일한 종교이다.

불교는 자신에게서 모든 것을 이루게 한 유일한 종교이다.

불교는 자신에게서 극락을 발견하게 한 유일한 종교이다.

불교는 깨달으면 차별 없어 평등하다는 유일한 종교이다.

불교는 모든 억압 없이 자신감을 갖게 한 유일한 종교이다.

불교는 그러므로 온 누리에 영원할 만인의 종교이다.

– 대원 문재현 전법선사 주창

전세계의 불교계에서 통일시켜야 할 일

경전의 말씀대로 32상과 80종호를 갖춘 불상으로 통일해야 한다.

예불 드리는 법을 통일해야 한다.

불공의식을 통일해야 한다.

– 대원 문재현 전법선사 주창

2015년 성불사 국제정맥선원 하계수련회 중 대원 문재현 선사님의 선화지도

대방광불화엄경
大 方 廣 佛 華 嚴 經

제 2 권

세주묘엄품

世 主 妙 嚴 品

도서출판 문젠(구, 바로보인)은 정맥선원에서 운영하고 있습니다.

* 인제산(人濟山) 성불사(成佛寺) 국제정맥선원
  경기도 포천시 내촌면 소리개길 86-178 ☎ 031-531-8805
* 인제산(人濟山) 이문절 포천정맥선원
  경기도 포천시 내촌면 소리개길 86-123 ☎ 031-532-1918
* 도봉산(道峯山) 도봉정사(道峯精舍) 서울정맥선원
  서울시 도봉구 도봉로 921 문젠빌딩 2층 ☎ 02-3494-0122
* 백양산(白楊山) 자모사(慈母寺) 부산정맥선원
  부산시 동래구 아시아드대로 114번길 10 대륙코리아나 2층 212호 ☎ 051-503-6460
* 자모산(慈母山) 육조사(六祖寺) 청도정맥선원
  경북 청도군 매전면 동산리 산 50 ☎ 010-4543-2460
* 광암산(光巖山) 성도사(成道寺) 광주정맥선원
  광주광역시 광산구 삼도광암길 34 ☎ 062-944-4088
* 대통산(大通山) 대통사(大通寺) 해남정맥선원
  전남 해남군 화산면 송계길 132-98 중정마을 ☎ 061-536-6366

바로보인 불법 ❀

화 엄 경 2권

초판 1쇄 펴낸날 단기 4349년, 불기 3043년, 서기 2016년 8월 15일

역   저　　대원 문재현 선사
펴 낸 곳　　도서출판 문젠(Moonzen Press)
　　　　　　　11192, 경기도 포천시 내촌면 소리개길 86-178
　　　　　　　전화 031-534-3373 팩스 031-533-3387
신 고 번 호　2010.11.24. 제2010-000004호

윤 문 교 정　진성 윤주영, 증연 강영미
편 집 제 작　도명 정행태
전자책 제작　도향 하가연
표 지 그 림　현정(玄楨)
인   쇄　　가람문화사

도서출판문젠　www.moonzenpress.com
정 맥 선 원　www.zenparadise.com
사막화방지국제연대(IUPD)　www.iupd.org

ⓒ 문재현, 2016. Printed in Seoul, Republic of Korea
값 15,000원
ISBN 978-89-6870-002-6 04220
ISBN 978-89-6870-000-2 (전81권)

華嚴十無頌 화엄십무송

- 대원 문재현 선사

無相法性常顯前
상이 없는 법성은 언제나 드러나 있고

無性諸法如谷響
성품이 없는 모든 법은 골짜기에 메아리 같도다

無外作處是自在
밖이 없이 짓는 곳을 이 자재라 하는 것이니

無非華嚴大道場
화엄 대도량 아님이 없음이로다

無窮無盡光神通
궁구할 수 없고 다함 없는 광명의 신통에서

無不出生三千界
삼천대천세계가 나오지 않음이 없도다

無碍相卽大自在
걸림이 없이 서로 즉한 대자재여

無爲之法是日常
함이 없는 법이 일상이로다

無有定法隨狀況
정한 법 없어 상황을 따름이어

無上無爲妙菩提
위 없고 함이 없는 묘보리로다

바로보인 불법 ㉘

화엄경(華嚴經) 2권

대원 문재현 선사 역저

一、세주묘엄품 ②
(世主妙嚴品)

서 문

가없이 크고 넓어 광대함이여!
모양 없는 그 가운데 본래 갖춤
증득한 지혜인이라야 아네

남섬부주 일체의 나툼이여
본래의 갖춤에 비하자면
천만억분의 일도 안 된다네

이러-히 온통 온통함이여!
모두 갖춘 본연한 이 장엄을
'대방광불화엄'이라 하네

단기(檀紀) 4345년
불기(佛紀) 3039년

무등산인 대원 문재현
(無等山人 大圓 文載賢)

차 례

일러두기

1. 화엄경 본문을 지나치게 세밀하게 나누어 긴 주해를 싣지 않은 것은 그로 해서 원문의 흐름이 끊어지게 되지 않을까 하는 우려에서이다. 이런 까닭에 다만 수없이 장고(長考)하며 최대한 원문에 충실하게 번역하고 각권의 마지막이나 각품의 마지막에만 결문(結文)을 더하였다. 화엄경 본문이 이치적으로 더할 나위 없이 샅샅이 불화엄의 화장세계를 밝힌 것이라면 결문은 화엄경의 화장세계를 선(禪) 도리로 간략히 바로 끊어 보인 것이다. 이로써 경의 본뜻이 굴절 없이 전달되어 화엄의 세계가 독자의 세계가 되기를 바란다.

2. 요즈음 화엄경을 접한 이들이 최고의 경전이라 불리는 화엄경 첫머리부터 '신(神)'이라는 호칭으로 기록된 분들이 많은 것을 보고 의아하게 생각하는 경우가 있다. 화엄경의 첫머리인 세주묘엄품을 보면 이 '신(神)'이라는 호칭으로 기록된 분들이 불보살님의 화현이거나 보살마하살의 경지에서 행하는 분들임을 알 수 있다. 이런 까닭에 이 책에서는 '신(神)'을 '천제(天帝)'로 번역하였다. 예를 들면, '집금강신'은 '집금강천제'로 의역하였다. 천제는 그 세계를 다스리고 교화하는 분, 곧 깨달아, 삼매와 지혜와 덕과 신통과 방편과 변재를 갖추어서 다스리고 교화하는 분을 말한다.

3. 미주는 *로 표시하였다.

一 세주묘엄품

爾時 如來道場衆海 悉已雲集 無邊品類 周匝徧滿 形色
部從 各各差別 隨所來方 親近世尊 一心瞻仰 此諸衆會
已離一切煩惱心垢 及其餘習 摧重障山 見佛無礙 如是 皆
以毘盧遮那如來 往昔之時 於劫海中 修菩薩行 以四攝事
而曾攝受 一一佛所 種善根時 皆已善攝 種種方便 敎化
成熟 令其安立一切智道 種無量善 獲衆大福 悉已入於方
便願海 所行之行 具足淸淨 於出離道 已能善出 常見於
佛

여래 도량의 대중

이때 여래의 도량에 대중바다가 이미 모두 구름같이 모이니, 갖가지 종류의 무리가 끝이 없이 빙 돌아 두루 가득하였다. 형색이 분류를 따라 각각 달랐으니 온 방향을 따라 세존을 친근하고 한결같은 마음으로 우러러보았다.

여기에 모인 모든 대중들은 이미 일체 번뇌인 마음의 때와 남은 습기를 여의어 무거운 장애의 산을 꺾어버렸기에 부처님을 뵙는 데에 걸림이 없었다.

이와 같은 이들은 모두 비로자나여래께서 지난 옛적에 저 겁해*에 보살행을 닦을 때 사섭법*으로써 일찍이 거두어주셨으니, 낱낱 부처님 처소에서 선근을 심을 때에 모두 이미 잘 거두어 갖가지 방편으로 교화함으로써 성숙케 하여 일체지의 도를 건립하게 하셨다.

한량없는 선근을 심어서 온갖 큰 복을 얻게 하여 모두 이미 방편과 원력의 바다에 들어가서 청정함을 구족하여 행할 바를 행하였으니, '열반의 도'라는 것마저 이미 잘 벗어나서 항상 부처님을 뵈었다.

分明照了 以勝解力 入於如來功德大海 得於諸佛解脫之門
遊戲神通

분명하게 비추는 뛰어난 깨달음의 힘으로 여래공덕의 큰
바다에 들어가 모든 부처님의 해탈문을 얻고 신통으로 유
희하였다.

所謂妙焰海大自在天王 得法界虛空界寂靜方便力解脫門 自
在名稱光天王 得普觀一切法悉自在解脫門 清淨功德眼天
王 得知一切法 不生不滅 不來不去 無功用行解脫門 可
愛樂大慧天王 得現見一切法眞實相智慧海解脫門 不動光
自在天王 得與衆生無邊安樂大方便定解脫門 妙莊嚴眼天
王 得令觀寂靜法 滅諸癡暗怖解脫門 善思惟光明天王 得
善入無邊境界 不起一切諸有思惟業解脫門

천왕들의 해탈문과 묘염해 천왕의 게송

이른바 묘염해대자재 천왕은 법계와 허공계의 열반과 방편력 해탈문을 얻었고,

자재명칭광 천왕은 모든 법을 널리 관하여 다 자재한 해탈문을 얻었으며,

청정공덕안 천왕은 온갖 법이 남이 없고 멸함이 없으며 오고 감이 없음을 알아 공용(功用)이라 할 것도 없는 행의 해탈문을 얻었고,

가애락대혜 천왕은 모든 법의 진실한 상을 나투어 보여주는 지혜바다의 해탈문을 얻었으며,

부동광자재 천왕은 중생들에게 끝없는 편안함과 즐거움을 주는 큰 방편과 선정의 해탈문을 얻었고,

묘장엄안 천왕은 열반법을 관하게 하여 모든 어리석음과 어둠과 두려움을 없애게 하는 해탈문을 얻었으며,

선사유광명 천왕은 가없는 경계에 잘 들어가서 일체 모든 미혹의 경계에 대해 생각하는 업을 일으킴이 없게 하는 해탈문을 얻었고,

可愛樂大智天王 得普往十方說法 而不動無所依解脫門 普
音莊嚴幢天王 得入佛寂靜境界 普現光明解脫門 名稱光善
精進天王 得住自所悟處 而以無邊廣大境界 爲所緣解脫門

爾時 妙焰海天王 承佛威力 普觀一切自在天衆 而說頌言

가애락대지 천왕은 시방으로 널리 다니면서 설법하되 의지할 곳 없는 부동의 해탈문을 얻었으며,

보음장엄당 천왕은 부처님의 열반 경계에 들어가서 널리 광명을 나투는 해탈문을 얻었고,

명칭광선정진 천왕은 스스로 깨달은 데에 머물러서 가없이 광대한 경계로써 반연할 바를 삼는 해탈문을 얻었다.

이때 묘염해 천왕이 부처님의 위신력을 받아서 모든 자재천 대중들을 두루 관하고 게송으로 말하였다.

佛身普徧諸大會
充滿法界無窮盡
寂滅無性不可取
爲救世間而出現

如來法王出世間
能然照世妙法燈
境界無邊亦無盡
此自在名之所證

佛不思議離分別
了相十方無所有
爲世廣開淸淨道
如是淨眼能觀見

부처님의 몸은 모든 큰 회상에 널리 두루하니
법계에 충만하여 끝없고 다함 없네
열반이라 성품이라 할 것도 없어 취할 것도 없건만
세간을 구제하기 위해 출현하셨네

여래이신 법왕께서 세간에 출현하여
능히 세간에 신묘한 법등을 밝게 비춤에
그 경계 가없고 다함 없으니
이를 자재명칭광 천왕이 증득했네

부처님께서는 분별을 여읜 부사의함으로
시방의 모양이라는 것마저 있을 수 없음에 밝아
세간을 위해 청정한 도를 널리 여시니
이러-함을 청정공덕안 천왕이 관하여 보았네

如來智慧無邊際
一切世間莫能測
永滅衆生癡暗心
大慧入此深安住

如來功德不思議
衆生見者煩惱滅
普使世間獲安樂
不動自在天能見

衆生癡暗常迷覆
如來爲說寂靜法
是則照世智慧燈
妙眼能知此方便

여래의 지혜는 끝도 갓도 없어서
세간의 모든 이들 헤아릴 수 없거늘
어리석고 어두운 중생의 마음을 영원히 없애시니
가애락대혜 천왕이 여기에 들어 깊이 안주했네

여래의 공덕이 부사의하여
중생들마다 보면 번뇌가 없어져서
널리 세간이 편안하고 즐거움을 얻으니
부동광자재 천왕이 능히 보았네

중생들 어리석은 어둠으로 항상 미혹에 덮여 있어
여래께서 열반법을 설하셨으니
이것이 곧 세상을 비추는 지혜의 등불이라
묘장엄안 천왕이 이 방편을 알았네

如來淸淨妙色身
普現十方無有比
此身無性無依處
善思惟天所觀察

如來音聲無限礙
堪受化者靡不聞
而佛寂然恒不動
此樂智天之解脫

寂靜解脫天人主
十方無處不現前
光明照耀滿世間
此無礙法嚴幢見

여래의 청정하고 묘한 색신
시방에 널리 나투어 비길 바 없으나
그 몸이 성품이랄 것도 없어 의지할 곳도 없다는 것을
선사유광명 천왕이 잘 관찰했네

여래의 음성 한량없고 걸림이 없어
교화 받는 이 듣지 못함 없으나
부처님께서는 고요히 이러-하여 항상 움직임이 없으시니
가애락대지 천왕의 해탈도 이와 같네

고요히 해탈한 천상과 인간 세상의 주인이시여
시방에 드러나 있지 않은 곳 없어
광명으로 세간을 가득히 비추어 빛나시니
이 걸림 없는 법을 보음장엄당 천왕이 보았네

佛於無邊大劫海
爲衆生故求菩提
種種神通化一切
名稱光天悟斯法

부처님께서 끝없는 대겁해(大劫海)에
중생들을 위해서 보리를 구한 까닭에
갖가지 신통으로 일체를 교화하게 되셨으니
명칭광선정진 천왕이 이 법을 깨달았네

復次可愛樂法光明幢天王 得普觀一切衆生根 爲說法斷疑
解脫門 淨莊嚴海天王 得隨憶念 令見佛解脫門 最勝慧光
明天王 得法性平等無所依莊嚴身解脫門 自在智慧幢天王
得了知一切世間法 一念中 安立不思議莊嚴海解脫門 樂
寂靜天王 得於一毛孔 現不思議佛刹無障礙解脫門 普智
眼天王 得入普門 觀察法界解脫門 樂旋慧天王 得爲一切
衆生 種種出現 無邊劫 常現前解脫門 善種慧光明天王 得
觀一切世間境界 入不思議法解脫門

천왕들의 해탈문과 가애락법광명당 천왕의 계송

또한 가애락법광명당 천왕은 모든 중생들의 근기를 널리
관하여 설법해서 의심을 끊게 하는 해탈문을 얻었고,
 정장엄해 천왕은 마음 속 깊이 지녀 잊지 않음을 따라
부처님을 보게 하는 해탈문을 얻었으며,
 최승혜광명 천왕은 평등한 법성의 의지할 곳 없는 몸을
장엄하는 해탈문을 얻었고,
 자재지혜당 천왕은 모든 세간법을 밝게 알아서 한 생각
가운데 부사의한 장엄바다를 건립하는 해탈문을 얻었으며,
 낙적정 천왕은 한 털구멍에 부사의한 부처님세계를 장애
없이 나투어 보이는 해탈문을 얻었고,
 보지안 천왕은 보문*에 들어가 법계를 관찰하는 해탈문
을 얻었으며,
 낙선혜 천왕은 모든 중생을 위하여 갖가지로 출현하되
가없는 겁에 항상 목전에 드러나 있는 해탈문을 얻었고,
 선종혜광명 천왕은 모든 세간의 경계를 관하여 부사의한
법에 들어가는 해탈문을 얻었으며,

無垢寂靜光天王 得示一切衆生出要法解脫門 廣大淸淨光
天王 得觀察一切應化衆生 令入佛法解脫門 爾時 可愛樂
法光明幢天王 承佛威力 普觀一切少廣天無量廣天廣果天
衆 而說頌言

무구적정광 천왕은 모든 중생에게 생사를 여의는 요긴한 법을 보여주는 해탈문을 얻었고,

광대청정광 천왕은 모든 응하여 교화할 중생을 관찰하여 불법에 들어오게 하는 해탈문을 얻었다.

이때 가애락법광명당 천왕이 부처님의 위신력을 받아서 모든 소광천(少廣天)과 무량광천(無量廣天)과 광과천(廣果天) 대중들을 두루 관하고 게송으로 말하였다.

諸佛境界不思議
一切衆生莫能測
普令其心生信解
廣大意樂無窮盡

若有衆生堪受法
佛威神力開導彼
令其恒覩佛現前
嚴海天王如是見

一切法性無所依
佛現世間亦如是
普於諸有無依處
此義勝智能觀察

모든 부처님의 경계는 부사의해서
일체 중생들이 헤아릴 수 없거늘
널리 그 마음에 깊은 믿음을 내게 하시니
광대한 뜻의 즐거움이 다함이 없네

만약 어떤 중생이 법을 받아들이면
부처님의 위신력으로 깨우쳐 인도해서
부처님을 목전에서 항상 보게 하시니
정장엄해 천왕이 이와 같이 보네

모든 법성이 의지할 곳 없듯이
부처님께서 세간에 출현하심도 이와 같아
널리 모든 유루의 세계*에 있어서 의지할 곳 없으니
이 뜻을 최승혜광명 천왕이 지혜로 능히 관찰하네

隨諸衆生心所欲
佛神通力皆能現
各各差別不思議
此智幢王解脫海

過去所有諸國土
一毛孔中皆示現
此是諸佛大神通
愛樂寂靜能宣說

一切法門無盡海
同會一法道場中
如是法性佛所說
智眼能明此方便

모든 중생들 마음에 하고자 하는 바를 따라
부처님께서 신통력으로 모두 나투어
각각으로 차별함이 부사의하시니
자재지혜당 천왕의 해탈바다도 이러하네

과거의 일체 모든 국토를
한 털구멍 속에 모두 나투어 보이시니
이와 같은 모든 부처님의 큰 신통을
애락적정 천왕이 능히 널리 설하네

모든 법문의 다함 없는 바다가
온통인 법의 도량에 모두 하나됨이여
부처님께서 설하신 법성의 이러-함,
보지안 천왕이 이 방편에 밝네

十方所有諸國土
悉在其中而說法
佛身無去亦無來
愛樂慧旋之境界

佛觀世法如光影
入彼甚深幽奧處
說諸法性常寂然
善種思惟能見此

佛善了知諸境界
隨衆生根雨法雨
爲啓難思出要門
此寂靜天能悟入

시방의 일체 모든 국토
그 가운데 모두 계시면서 법을 설하지만
부처님 몸은 가고 옴이 없으시니
애락혜선 천왕의 경계도 이러하네

부처님께서는 세간법을 빛의 그림자와 같이 보게 하여
심히 깊고 그윽한 곳에 들게 하고
모든 법성이 항상 고요하다 설하시니
선종혜광명 천왕이 사유하여 이를 보았네

부처님께서는 모든 경계를 밝게 잘 알아서
중생의 근기에 따라 법비를 내려서
생각하기 어려운 생사를 벗어나는 요긴한 문을 열어주시니
여기에 무구적정광 천왕이 능히 깨달아 들어갔네

世尊恒以大慈悲
利益衆生而出現
等雨法雨充其器
清淨光天能演說

세존께서 항상 큰 자비로써

중생들을 이익케 하려고 출현하여

평등하게 법비 내려 그 그릇들 채우심을

광대청정광 천왕이 능히 널리 설하네

復次淸淨慧名稱天王　得了達一切衆生　解脫道方便解脫門
最勝見天王　得隨一切諸天衆　所樂　如光影普示現解脫門
寂靜德天王　得普嚴淨一切佛境界大方便解脫門　須彌音天
王　得隨諸衆生　永流轉生死海解脫門　淨念眼天王　得憶念
如來　調伏衆生行解脫門　可愛樂普照天王　得普門陀羅尼
海　所流出解脫門　世間自在主天王　得能令衆生　值佛生信
藏解脫門

천왕들의 해탈문과 청정혜명칭 천왕의 게송

또한 청정혜명칭 천왕은 모든 중생의 해탈하는 도의 방편을 요달하는 해탈문을 얻었고,

최승견 천왕은 일체 모든 천상의 대중들이 좋아하는 바를 따라서 빛의 그림자와 같이 두루 나타내 보이는 해탈문을 얻었으며,

적정덕 천왕은 모든 부처님의 경계인 큰 방편으로 널리 청정하게 장엄하는 해탈문을 얻었고,

수미음 천왕은 모든 중생들을 따라서 영원한 생사바다의 윤회를 변환시키는 해탈문을 얻었으며,

정념안 천왕은 여래께서 중생들을 조복시키는 행을 마음속 깊이 지녀 잊지 않는 해탈문을 얻었고,

가애락보조 천왕은 보문에서 다라니바다가 흘러나오게 하는 해탈문을 얻었으며,

세간자재주 천왕은 중생들로 하여금 부처님을 만나서 믿음의 보배장[藏]*을 내게 하는 해탈문을 얻었고,

光焰自在天王 得能令一切衆生 聞法信喜 而出離解脫門
樂思惟法變化天王 得入一切菩薩 調伏行 如虛空 無邊無
盡解脫門 變化幢天王 得觀衆生無量煩惱普悲智解脫門 星
宿音妙莊嚴天王 得放光現佛 三輪攝化解脫門 爾時 清淨
慧名稱天王 承佛威力 普觀一切少淨天無量淨天徧淨天衆
而說頌言

광염자재 천왕은 모든 중생들이 법을 듣고 믿어서 기뻐하여 생사에서 벗어나게 하는 해탈문을 얻었으며,

낙사유법변화 천왕은 모든 보살들의 조복 받는 행이 허공과 같이 가없고 다함 없음에 들어가게 하는 해탈문을 얻었고,

변화당 천왕은 중생들의 한량없는 번뇌를 관하는 넓은 자비와 지혜의 해탈문을 얻었으며,

성수음묘장엄 천왕은 광명을 놓아서 부처님의 삼륜을 나타냄으로써 거두어 교화하는 해탈문을 얻었다.

이때 청정혜명칭 천왕이 부처님의 위신력을 받아서 모든 소정천(少淨天)과 무량정천(無量淨天)과 변정천(徧淨天) 대중들을 두루 관하고 게송으로 말하였다.

了知法性無礙者
普現十方無量刹
說佛境界不思議
令衆同歸解脫海

如來處世無所依
譬如光影現衆國
法性究竟無生起
此勝見王所入門

無量劫海修方便
普淨十方諸國土
法界如如常不動
寂靜德天之所悟

법성이 걸림 없음을 밝게 아는 이가
한량없는 시방세계에 두루 나타나
부사의한 부처님의 경계를 설하여서
중생들이 함께 해탈의 바다에 돌아가게 하시네

여래께서 세간에 의지하는 바 없이 계시는 것이
빛의 그림자와 같아서
뭇 국토에 나투나 법성은 끝내 생긴 적도 없나니
이것이 최승견 천왕이 들어간 문이라네

한량없는 겁해에 방편을 닦아
시방의 모든 국토를 널리 청정하게 하나
법계에 여여(如如)하여 항상 움직임 없으심을
적정덕 천왕이 깨달았네

衆生愚癡所覆障
盲暗恒居生死中
如來示以清淨道
此須彌音之解脫

諸佛所行無上道
一切衆生莫能測
示以種種方便門
淨眼諦觀能悉了

如來恒以總持門
譬如刹海微塵數
示教衆生徧一切
普照天王此能入

중생들이 어리석고 어리석음에 덮여 가리워져
캄캄한 소경으로 항상 생사 가운데 살기에
여래께서 청정한 도를 보이시니
수미음 천왕의 해탈도 이러하네

모든 부처님께서 행하시는 위 없는 도를
모든 중생들은 알 수 없지만
갖가지 방편문으로 보이시니
정념안 천왕이 자세히 관하여 모두 깨달았네

여래께서 늘 쓰시는 다라니는
세계의 가는 티끌 수와도 같아서
모든 중생들에게 두루 모두 보이고 가르치시니
가애락보조 천왕이 이에 능히 들어갔네

如來出世甚難值
無量劫海時一遇
能令眾生生信解
此自在天之所得

佛說法性皆無性
甚深廣大不思議
普使眾生生淨信
光焰天王能善了

三世如來功德滿
化眾生界不思議
於彼思惟生慶悅
如是樂法能開演

여래께서 세간에 출현하심 심히 만나기 어려우나
한량없는 겁해에 단 한 번 만날지라도
능히 중생들로 하여금 깊은 믿음을 내게 하시니
이를 세간자재주 천왕이 얻었네

부처님께서 말씀하신 법성은 성품이라 함마저 없어
심히 깊고 광대하여 부사의하건만
널리 중생들에게 청정한 믿음을 내게 하심을
광염자재 천왕이 능히 잘 깨달았네

삼세의 여래께서 원만한 공덕으로
중생세계를 교화함 부사의해서
저들이 사유하여 경사스럽고 기쁜 마음을 내게 하시니
낙사유법변화 천왕이 열어 널리 펼치는 것도 이러하네

衆生沒在煩惱海
愚癡見濁甚可怖
大師哀愍令永離
此化幢王所觀境

如來恒放大光明
一一光中無量佛
各各現化衆生事
此妙音天所入門

중생들이 번뇌의 바다에 빠져서
어리석음과 탁한 견해로 심히 두려워하거늘
부처님께서 불쌍히 여겨 영원히 여의게 하시니
이것이 변화당 천왕이 관한 경계라네

여래께서 항상 큰 광명을 놓으시고
낱낱 광명 가운데 한량없는 부처님께서
각각 중생들의 일에 나타나 교화하시니
이것이 성수음묘장엄 천왕이 들어간 문일세

復次可愛樂光明天王 得恒受寂靜樂 而能降現 消滅世間苦
解脫門 淸淨妙光天王 得大悲心相應海 一切衆生喜樂藏
解脫門 自在音天王 得一念中 普現無邊劫一切衆生 福德
力解脫門 最勝念智天王 得普使成住壞一切世間 皆悉如
虛空淸淨解脫門 可愛樂淨妙音天王 得愛樂信受一切聖人
法解脫門 善思惟音天王 得能經劫住 演說一切地義 及方
便解脫門 演莊嚴音天王 得一切菩薩 從兜率天宮沒 下生
時 大供養方便解脫門

천왕들의 해탈문과 가애락광명 천왕의 게송

또한 가애락광명 천왕은 항상 열반낙을 받으면서 세상에 내려와 세간의 고를 소멸하는 해탈문을 얻었고,

청정묘광 천왕은 대비심으로 세계에 상응하여 모든 중생들을 기쁘고 즐겁게 하는 보배장해탈문을 얻었으며,

자재음 천왕은 한 생각 가운데 가없는 겁의 중생들에게 복덕의 힘을 널리 나타내는 해탈문을 얻었고,

최승념지 천왕은 일체 세간의 널리 이루어지고 머무르고 무너짐을 모두 허공과 같이 청정하게 하는 해탈문을 얻었으며,

가애락정묘음 천왕은 모든 성인의 법을 사랑하고 즐거워하며 믿고 받아들이게 하는 해탈문을 얻었고,

선사유음 천왕은 능히 겁이 지나도록 머물면서 모든 지위(모든 단계의 보살 지위)의 뜻과 방편으로 베풀어 설하는 해탈문을 얻었으며,

연장엄음 천왕은 모든 보살들이 도솔천궁으로부터 내려와 태어날 때에 크게 공양하는 방편의 해탈문을 얻었고,

甚深光音天王 得觀察無盡神通智慧海解脫門 廣大名稱天王 得一切佛功德海滿足 出現世間方便力解脫門 最勝淨光天王 得如來往昔誓願力 發生深信愛樂藏解脫門 爾時 可愛樂光明天王 承佛威力 普觀一切少光天無量光天極光天衆 而說頌言

심심광음 천왕은 다함 없는 신통과 지혜의 바다를 관찰하는 해탈문을 얻었으며,

광대명칭 천왕은 모든 부처님의 공덕바다를 가득히 구족하여 세간에 출현하는 방편력의 해탈문을 얻었고,

최승정광 천왕은 여래의 지난 옛적 서원의 힘으로 깊은 믿음과 사랑과 즐거움을 내는 보배장해탈문을 얻었다.

이때 가애락광명 천왕이 부처님의 위신력을 받아서 모든 소광천(少光天)과 무량광천(無量光天)과 극광천(極光天) 대중들을 두루 관하고 게송으로 말하였다.

我念如來昔所行
承事供養無邊佛
如本信心淸淨業
以佛威神今悉見

佛身無相離衆垢
恒住慈悲哀愍地
世間憂患悉使除
此是妙光之解脫

佛法廣大無涯際
一切刹海於中現
如其成壞各不同
自在音天解脫力

내가 생각컨대 여래께서 옛적에 수행한 바는
가없는 부처님을 받들어 공양하신 일이니
근본과 같은 신심의 청정한 업을
부처님의 위신력으로써 이제 모두 보네

부처님 몸은 형상이 없어 온갖 때를 여의었으나
항상 자비로 가없이 여기는 경지에 머물러
세간의 근심 걱정 모두 없애시니
청정묘광 천왕의 해탈도 이와 같네

부처님의 법은 광대하여 끝도 갓도 없으나
일체 세계 가운데에 나툴 때에는
이루고 무너지는 것을 각각 같지 않게 하시니
자재음 천왕의 해탈력도 이와 같네

佛神通力無與等
普現十方廣大刹
悉令嚴淨常現前
勝念解脫之方便

如諸刹海微塵數
所有如來咸敬奉
聞法離染不唐捐
此妙音天法門用

佛於無量大劫海
說地方便無倫匹
所說無邊無有窮
善思音天知此義

부처님의 신통력은 짝할 이 없어
시방의 광대한 세계를 널리 나타내어
모든 청정한 장엄이 드러나도록 하시니
최승념지 천왕의 해탈의 방편도 이와 같네

모든 세계의 가는 티끌 수와 같은
모든 여래를 다 공경하여 받들면서
법을 듣고 번뇌 여의어 헛되이 하지 않았으니
가애락정묘음 천왕 법문의 베풂도 이와 같네

부처님께서 한량없는 대겁해에
설하신 지위와 방편, 짝할 이 없어서
설한 바가 끝없고 다함이 없으시니
선사유음 천왕이 이 뜻을 알았네

如來神變無量門
一念現於一切處
降神成道大方便
此莊嚴音之解脫

威力所持能演說
及現諸佛神通事
隨其根欲悉令淨
此光音天解脫門

如來智慧無邊際
世中無等無所着
慈心應物普現前
廣大名天悟斯道

여래의 신통 변화 한량없는 문이여
온통인 생각으로 모든 곳에 나투어
신령하게 강림하여 큰 방편으로 도를 이루게 하시니
연장엄음 천왕의 해탈도 이와 같네

위신력을 지녀 능히 설하고
모든 부처님께서는 신통한 일 나투어
그 근기와 하고자 하는 바를 따라 다 청정하게 하시니
심심광음 천왕의 해탈문도 이와 같네

여래의 지혜는 가없고 끝이 없어
세간에 짝할 이 없고 집착할 곳도 없으나
자비심으로 만물에 응하여 널리 목전마다 나투시니
광대명칭 천왕이 이 도를 깨달았네

佛昔修習菩提行
供養十方一切佛
一一佛所發誓心
最勝光聞大歡喜

부처님께서 예전에 보리행을 닦아 익힐 때
시방의 모든 부처님께 공양 올리고
한 분 한 분 부처님 처소마다 서원을 발하셨으니
최승정광 천왕이 듣고 크게 환희하였네

復次尸棄梵王　得普住十方道場中說法　而　所行淸淨無染
着解脫門　慧光梵王　得使一切衆生　入禪三昧住解脫門　善
思慧光明梵王　得普入一切不思議法解脫門　普雲音梵王　得
入諸佛一切音聲海解脫門　觀世言音自在梵王　得能憶念菩
薩　敎化一切衆生方便解脫門　寂靜光明眼梵王　得現一切
世間業報相各差別解脫門　普光明梵王　得隨一切衆生　品
類差別　皆現前調伏解脫門

범왕들의 해탈문과 시기 대범왕의 게송

또한 시기 범왕은 시방의 도량 가운데 두루 머물러 설법하고, 행하는 바가 청정하여 물들어 집착함이 없는 해탈문을 얻었고,

혜광 범왕은 모든 중생으로 하여금 선정 삼매에 들어가 머무르게 하는 해탈문을 얻었으며,

선사혜광명 범왕은 모든 부사의한 법에 두루 들어가는 해탈문을 얻었고,

보운음 범왕은 모든 부처님의 일체 음성바다에 들어가는 해탈문을 얻었으며,

관세언음자재 범왕은 보살이 모든 중생을 교화하는 방편을 마음 속 깊이 지녀 잊지 않는 해탈문을 얻었고,

적정광명안 범왕은 모든 세간 업보의 모습이 각각 차별됨을 나타내는 해탈문을 얻었으며,

보광명 범왕은 모든 중생의 갖가지 종류가 차별됨을 따라서 목전마다 나투어 조복 받는 해탈문을 얻었고,

變化音梵王 得住一切法淸淨相寂滅行境界解脫門 光耀眼
梵王 得於一切有 無所着 無邊際 無依止 常勤出現解脫
門 悅意海音梵王 得常思惟觀察無盡法解脫門 爾時 尸棄
大梵王 承佛神力 普觀一切梵身天梵輔天梵衆天大梵天衆
而說頌言

변화음 범왕은 모든 법의 청정한 상과 적멸한 행의 경계에 머무르는 해탈문을 얻었으며,

광요안 범왕은 모든 미혹의 경계에 집착하는 바 없고 끝도 갓도 없으며, 의지해서 머무름 없이 항상 부지런히 출현하는 해탈문을 얻었고,

열의해음 범왕은 항상 다함 없는 법을 사유하고 관찰하는 해탈문을 얻었다.

이때 시기 대범왕이 부처님의 위신력을 받아서 모든 범신천(梵身天)과 범보천(梵輔天)과 범중천(梵衆天)과 대범천(大梵天) 대중들을 두루 관하고 게송으로 말하였다.

佛身淸淨常寂滅
光明照耀徧世間
無相無行無影像
譬如空雲如是見

佛身如是定境界
一切衆生莫能測
示彼難思方便門
此慧光王之所悟

佛刹微塵法門海
一言演說盡無餘
如是劫海演不窮
善思慧光之解脫

부처님 몸은 청정하고 항상 적멸하기에
광명을 비추어 빛나 세간에 두루하나
상도 없고 행함도 없고 그림자도 없어서
허공의 구름과 같음을 이러-히 보이시네

부처님 몸의 이러-한 선정의 경계는
모든 중생들로는 헤아리지 못하거늘
저들에게 생각하기 어려운 방편문을 보이시니
이를 혜광 범왕이 깨달았네

부처님께서는 세계의 가는 티끌 수와도 같은 법문바다를
한마디로 남김없이 모두 다 설하여
이러-한 겁해에 다함 없이 널리 펴시니
선사혜광명 범왕의 해탈도 이와 같네

諸佛圓音等世間
衆生隨類各得解
而於音聲不分別
普音梵天如是悟

三世所有諸如來
趣入菩提方便行
一切皆於佛身現
自在音天之解脫

一切衆生業差別
隨其因感種種殊
世間如是佛皆現
寂靜光天能悟入

모든 부처님의 원만한 음성, 세간에 동일한데
중생들이 종류 따라 각각 이해하나
음성에는 분별이 없음을
보운음 범천왕이 이러-히 깨달았네

삼세의 모든 여래께서
보리의 방편행에 들어가
일체를 다 부처님 몸에서 나투시니
관세언음자재 천왕의 해탈도 이와 같네

모든 중생들의 업이 다르기에
그 감응하는 요인을 따라 갖가지로 다르게 하여
세간에 이러-히 부처님께서 모두 나투신 것에
적정광명안 천왕이 능히 깨달아 들어갔네

無量法門皆自在
調伏衆生徧十方
亦不於中起分別
此是普光之境界

佛身如空不可盡
無相無礙徧十方
所有應現皆如化
變化音王悟斯道

如來身相無有邊
智慧音聲亦如是
處世現形無所着
光耀天王入此門

한량없는 법문에 모두 자재하여
조복한 중생들이 시방에 두루한데
또한 그 가운데서 분별을 일으키지 않게 하시니
보광명 범왕의 경계도 이러하네

부처님 몸은 허공과 같아 다함 없어서
형상 없고 걸림 없이 시방에 두루하니
모든 응하여 나투심 모두 이러-한 화현이라
변화음 범왕이 이 도를 깨달았네

여래의 모습은 가없으며
지혜와 음성도 또한 이와 같아
세간에 형상을 나투어 머물지만 집착이 없으시니
광요안 범천왕이 이 문에 들었네

法王安處妙法宮
法身光明無不照
法性無比無諸相
此海音王之解脫

법왕께서 신묘한 법의 궁전에 편히 계시면서
법신의 광명을 비추지 않음이 없기에
법성은 비할 것 없고 모든 상도 없으니
열의해음 범왕의 해탈도 이와 같네

復次自在天王 得現前成熟無量衆生自在藏解脫門 善目主
天王 得觀察一切衆生樂 令入聖境界樂解脫門 妙寶幢冠天
王 得隨諸衆生 種種欲解 令起行解脫門 勇猛慧天王 得普
攝爲一切衆生所說義解脫門 妙音句天王 得憶念如來廣大
慈 增進自所行解脫門 妙光幢天王 得示現大悲門 摧滅一
切驕慢幢解脫門 寂靜境天王 得調伏一切世間瞋害心解脫
門

천왕들의 해탈문과 자재 천왕의 게송

또한 자재 천왕은 한량없는 중생들을 성숙시켜서 자재하게 하는 보배장이 항상 목전에 드러나 있는 해탈문을 얻었고,

선목주 천왕은 모든 중생의 즐거움을 관찰하여 성인 경계의 즐거움에 들어가게 하는 해탈문을 얻었으며,

묘보당관 천왕은 모든 중생들의 갖가지 욕망과 견해를 따라서 행을 일으키게 하는 해탈문을 얻었고,

용맹혜 천왕은 모든 중생을 위해 설한 뜻을 두루 굳게 지키는 해탈문을 얻었으며,

묘음구 천왕은 여래의 광대한 자비를 마음 속 깊이 지녀 잊지 않아 자신의 행할 바를 증진시키는 해탈문을 얻었고,

묘광당 천왕은 대비문을 나타내 보여 모든 교만의 당기를 꺾어 없애는 해탈문을 얻었으며,

적정경 천왕은 모든 세간의 성내고 해하는 마음을 조복받는 해탈문을 얻었고,

妙輪莊嚴幢天王　得十方無邊佛　隨憶念悉來赴解脫門　華光慧天王　得隨衆生心念　普現成正覺解脫門　因陀羅妙光天王　得普入一切世間　大威力自在法解脫門　爾時　自在天王　承佛威力　普觀一切自在天衆　而說頌言

묘륜장엄당 천왕은, 시방의 가없는 부처님께서 마음 깊이 지녀 잊지 않는 것을 따라와서, 모두 알리는 해탈문을 얻었으며,

화광혜 천왕은 중생 마음의 생각을 따라 널리 정각 이루는 것을 나타내 보이는 해탈문을 얻었고,

인다라묘광 천왕은 큰 위신력의 자재한 법으로 일체 세간에 널리 들어가는 해탈문을 얻었다.

이때 자재 천왕이 부처님의 위신력을 받아서 모든 자재천 대중들을 두루 관하고 게송으로 말하였다.

佛身周徧等法界
普應衆生悉現前
種種敎門常化誘
於法自在能開悟

世間所有種種樂
聖寂滅樂爲最勝
住於廣大法性中
妙眼天王觀見此

如來出現徧十方
普應群心而說法
一切疑念皆除斷
此妙幢冠解脫門

부처님 몸 두루하심 법계와 같아서
중생들에게 널리 응하여 모두의 목전에 나투어
갖가지 가르침의 문으로 항상 인도해서 교화하니
법에 자재하여 능히 지혜를 열어 깨닫게 하시네

세간에 갖가지 낙이 있으나
가장 뛰어난 성스러운 적멸락의
광대한 법성에 머무르게 하심을
묘안 천왕이 관하여 보았네

여래께서 시방에 두루 출현하여
중생의 마음에 두루 응해 법을 설하고
모든 의혹의 생각을 다 끊어 없애주시니
묘보당관 천왕의 해탈문도 이러하네

諸佛徧世演妙音
無量劫中所說法
能以一言咸說盡
勇猛慧天之解脫

世間所有廣大慈
不及如來一毫分
佛慈如空不可盡
此妙音天之所得

一切衆生慢高山
十力摧殄悉無餘
此是如來大悲用
妙光幢王所行道

모든 부처님께서는 세간에 묘음으로 널리 펴서
한량없는 겁 동안에 설한 법문을
한마디로써 모두 설하여 다하시니
용맹혜 천왕의 해탈도 이와 같네

세간의 어떤 광대한 사랑이라 해도
여래의 한 털끝에도 미치지 못하네
부처님의 사랑은 허공 같아서 다함 없으니
이를 묘음구 천왕이 얻었네

모든 중생들 교만의 높은 산을
십력(十力)*으로 남김없이 모두 꺾어 다하시니
이것이 여래 대비의 씀이라
묘광당 천왕이 행하는 도도 이와 같네

慧光清淨滿世間
若有見者除癡暗
令其遠離諸惡道
寂靜天王悟斯法

毛孔光明能演說
等衆生數諸佛名
隨其所樂悉得聞
此妙輪幢之解脫

如來自在不可量
法界虛空悉充滿
一切衆會皆明睹
此解脫門華慧入

청정한 지혜광명을 세간에 가득하게 하여
보는 이의 어리석은 어둠 없애주고
그들에게 모든 악도를 멀리 여의게 하시니
적정경 천왕이 이 법을 깨달았네

털구멍의 광명으로 능히 설하여
중생들 수와 같은 모든 부처님 이름
그들이 좋아하는 바를 따라 모두 듣게 하시니
묘륜장엄당 천왕의 해탈도 이와 같네

여래의 자재하심 한량이 없어
온 법계와 허공에 모두 충만함을
모든 회상 대중들이 다 밝게 보게 하시니
이 해탈문에 화광혜 천왕이 들어갔네

無量無邊大劫海
普現十方而說法
未曾見佛有去來
此妙光天之所悟

가없고 한량없는 대겁해에
시방에 널리 나투어 법을 설하나
부처님께서는 오고 감을 보인 적도 없으시니
이를 인다라묘광 천왕이 깨달았네

復次善化天王 得開示一切業變化力解脫門 寂靜音光明天王 得捨離一切攀緣解脫門 變化力光明天王 得普滅一切衆生癡暗心 令智慧圓滿解脫門 莊嚴主天王 得示現無邊悅意聲解脫門 念光天王 得了知一切佛無盡福德相解脫門 最上雲音天王 得普知過去一切劫成壞次第解脫門 勝光天王 得開悟一切衆生智解脫門 妙髻天王 得舒光疾滿十方虛空界解脫門

천왕들의 해탈문과 선화 천왕의 게송

또한 선화 천왕은 모든 업을 변화시키는 힘을 열어 보이는 해탈문을 얻었고,

적정음광명 천왕은 모든 반연함을 여의는 해탈문을 얻었으며,

변화력광명 천왕은 널리 모든 중생의 어리석고 어두운 마음을 멸하여 지혜가 원만하게 하는 해탈문을 얻었고,

장엄주 천왕은 가없이 기쁜 뜻의 음성을 나투어 보이는 해탈문을 얻었으며,

염광 천왕은 모든 부처님의 다함 없는 복덕상을 밝게 아는 해탈문을 얻었고,

최상운음 천왕은 과거의 모든 겁이 이루어지고 무너진 차례를 널리 아는 해탈문을 얻었으며,

승광 천왕은 모든 중생의 지혜를 열어 깨닫게 하는 해탈문을 얻었고,

묘계 천왕은 광명을 펼쳐 시방과 허공계에 단박에 가득하게 하는 해탈문을 얻었으며,

喜慧天王 得一切所作無能壞精進力解脫門 華光髻天王 得
知一切衆生業所受報解脫門 普見十方天王 得示現不思議
衆生形類差別解脫門 爾時 善化天王 承佛威力 普觀一切
善化天衆 而說頌言

희혜 천왕은 일체 지은 바가 무너짐이 없는 정진력의 해탈문을 얻었고,

화광계 천왕은 모든 중생이 업으로 받는 과보를 아는 해탈문을 얻었으며,

보견시방 천왕은 부사의한 중생들의 형상과 종류의 차별됨을 나투어 보이는 해탈문을 얻었다.

이때 선화 천왕이 부처님의 위신력을 받아서 모든 선화천 대중들을 두루 관하고 게송으로 말하였다.

世間業性不思議
佛爲群迷悉開示
巧說因緣眞實理
一切衆生差別業

種種觀佛無所有
十方求覓不可得
法身示現無眞實
此法寂音之所見

佛於劫海修諸行
爲滅世間癡暗惑
是故淸淨最照明
此是力光心所悟

세간 업의 성품, 부사의하거늘
부처님께서 미혹한 중생을 위해 모두 열어 보이고
인연의 진실한 이치와
모든 중생들의 차별된 업을 공교롭게 설하시네

갖가지로 부처님을 보려 하나 있을 곳이 없어
시방에 찾아도 찾을 수 없어서
법신이 나투어 보인 것에는 참으로 실답다 할 것도 없으니
이 법을 적정음광명 천왕이 보았네

부처님께서 겁해에 모든 행을 닦은 것은
세간 어리석음의 어둠과 미혹함을 없애기 위함이라
그러므로 청정하고 가장 밝게 비추시니
이러함을 변화력광명 천왕이 마음에 깨달았네

世間所有妙音聲
無有能比如來音
佛以一音徧十方
入此解脫莊嚴主

世間所有衆福力
不與如來一相等
如來福德同虛空
此念光天所觀見

三世所有無量劫
如其成敗種種相
佛一毛孔皆能現
最上雲音所了知

세간의 어떤 묘한 음성도
여래의 음성에는 비교할 수 없어서
부처님께서는 온통인 음성으로 시방에 두루하게 하시니
이 해탈에 들어간 이가 장엄주 천왕이라네

세간의 뭇 복력도
여래의 한 가지 상호만 못해서
여래의 복덕은 허공과 같으니
이를 염광 천왕이 관하여 보았네

삼세의 한량없는 겁에
이뤄지고 무너지는 갖가지 모습을
부처님께서는 한 털구멍에 모두 나투시니
이를 최상운음 천왕이 밝게 깨달았네

十方虛空可知量
佛毛孔量不可得
如是無礙不思議
妙髻天王已能悟

佛於曩世無量劫
具修廣大波羅蜜
勤行精進無厭怠
喜慧能知此法門

業性因緣不可思
佛爲世間皆演說
法性本淨無諸垢
此是華光之入處

시방 허공의 양은 안다 할지라도
부처님의 털구멍은 헤아릴 수 없어서
이러-히 걸림 없음, 부사의하니
이를 묘계 천왕이 이미 능히 깨달았네

부처님께서는 지난 세상 한량없는 겁 동안
광대한 바라밀을 갖추어 닦아
부지런히 정진해서 싫어하고 게으름이 없으셨으니
희혜 천왕이 능히 이 법문을 알았네

업의 성품 그 인연은 헤아릴 수 없건만
부처님께서는 세간을 위해
법성이 본래 청정하여 모든 더러움 없음을 설하시니
이것이 화광계 천왕이 들어간 곳이라네

汝應觀佛一毛孔
一切衆生悉在中
彼亦不來亦不去
此普見王之所了

그대들은 마땅히 부처님의 한 털구멍을 관해보라
모든 중생들이 다 그 가운데 있어서
그들 또한 오고 간 적 없으니
이를 보견시방 천왕이 깨달았네

復次知足天王 得一切佛出興世 圓滿敎輪解脫門 喜樂海髻
天王 得盡虛空界淸淨光明身解脫門 最勝功德幢天王 得消
滅世間苦淨願海解脫門 寂靜光天王 得普現身說法解脫門
善目天王 得普淨一切衆生界解脫門 寶峰月天王 得普化世
間 常現前無盡藏解脫門 勇健力天王 得開示一切佛正覺境
界解脫門 金剛妙光天王 得堅固一切衆生菩提心 令不可壞
解脫門

천왕들의 해탈문과 지족 천왕의 게송

또한 지족 천왕은 모든 부처님께서 세간에 출현하실 때 교륜(敎輪)을 원만하게 하는 해탈문을 얻었고,

희락해계 천왕은 허공계가 다하도록 광명의 몸을 청정하게 하는 해탈문을 얻었으며,

최승공덕당 천왕은 세간의 괴로움을 없애는 청정한 원력 바다의 해탈문을 얻었고,

적정광 천왕은 널리 몸을 나투어 설법하는 해탈문을 얻었으며,

선목 천왕은 널리 모든 중생세계를 청정하게 하는 해탈문을 얻었고,

보봉월 천왕은 항상 다함 없는 장엄을 목전에 나투어 세간을 널리 교화하는 해탈문을 얻었으며,

용건력 천왕은 모든 부처님의 정각(正覺)의 경계를 열어 보이는 해탈문을 얻었고,

금강묘광 천왕은 모든 중생의 보리심을 견고하게 하여 무너지지 않게 하는 해탈문을 얻었으며,

星宿幢天王 得一切佛出興 咸親近觀察 調伏衆生方便解脫
門 妙莊嚴天王 得一念 悉知衆生心 隨機應現解脫門 爾時
知足天王 承佛威力 普觀一切知足天衆 而說頌言

성수당 천왕은 모든 부처님께서 출현하실 때에 모두 친히 가까이하고 관찰해서 중생을 조복케 하는 방편의 해탈문을 얻었고,

  묘장엄 천왕은 온통인 생각으로 중생들의 마음을 모두 알아서 근기를 따라 응하여 나투는 해탈문을 얻었다.

  이때 지족 천왕이 부처님의 위신력을 받아서 모든 지족천 대중들을 두루 관하고 게송으로 말하였다.

如來廣大徧法界
於諸衆生悉平等
普應群情闡妙門
令入難思淸淨法

佛身普現於十方
無着無礙不可取
種種色像世咸見
此喜髻天之所入

如來往昔修諸行
淸淨大願深如海
一切佛法皆令滿
勝德能知此方便

여래의 광대함, 법계에 두루하여
모든 중생들에게 다 평등하시니
중생의 마음에 두루 응하여 묘한 문 열어서
생각하기 어려운 청정한 법에 들어가게 하시네

부처님께서는 몸을 시방에 두루 나투어
집착 없고 걸림 없어 취함 없는 가운데
갖가지 색상으로 세간을 다 보이시니
여기에 희락해계 천왕이 들어갔네

여래께서 지난 옛적에 모든 행을 닦으실 제
청정한 큰 서원 바다같이 깊어
모든 불법을 다 원만케 하셨으니
최승공덕당 천왕이 능히 이 방편을 알았네

如來法身不思議
如影分形等法界
處處闡明一切法
寂靜光天解脫門

衆生業惑所纏覆
憍慢放逸心馳蕩
如來爲說寂靜法
善目照知心喜慶

一切世間眞導師
爲救爲歸而出現
普示衆生安樂處
峰月於此能深入

여래의 법신은 부사의해서
법계와 같은 데에서 그림자 같은 형상을 나투어
곳곳에서 모든 법을 열어 밝히시니
적정광 천왕의 해탈문도 이러하네

중생은 업과 미혹으로 얽히고 뒤덮여서
교만함과 방일함으로 마음이 방종하거늘
여래께서 열반법을 설하여 주시니
선목 천왕이 비추어 알고 마음에 기뻐했네

모든 세간에서 참답게 이끌어 주는 스승이라
구하여 돌아오게 하기 위해 출현해서
중생에게 편안하고 즐거운 곳을 널리 보이시니
보봉월 천왕이 여기에 깊이 들어갔네

諸佛境界不思議
一切法界皆周徧
入於諸法到彼岸
勇慧見此生歡喜

若有衆生堪受化
聞佛功德趣菩提
令住福海常淸淨
妙光於此能觀察

十方刹海微塵數
一切佛所皆往集
恭敬供養聽聞法
此星宿幢之所見

모든 부처님의 경계 부사의함이여
일체 법계에 다 두루하여
모든 법에 들어가서 피안에 이르르게 하시니
용건력 천왕이 지혜로 이를 보고 환희했네

만약 어떤 중생이 능히 교화를 받아
부처님의 공덕을 듣고 보리에 나아가면
복바다에 머물러 항상 청정케 하시니
금강묘광 천왕이 이를 능히 관찰했네

시방의 가는 티끌 수 같은 세계에서
일체 부처님 처소에 모두 가서 모여
공경하고 공양하며 법을 청해 들으니
이를 성수당 천왕이 보았네

衆生心海不思議

無住無動無依處

佛於一念皆明見

妙莊嚴天斯善了

중생의 마음바다 부사의해서
머무름 없고 움직임 없고 의지한 곳도 없음을
부처님께서는 온통인 생각으로 다 밝게 보시니
묘장엄 천왕이 이를 잘 깨달았네

復次時分天王 得發起一切衆生善根 令永離憂惱解脫門 妙
光天王 得普入一切境界解脫門 無盡慧功德幢天王 得滅除
一切患大悲輪解脫門 善化端嚴天王 得了知三世一切衆生
心解脫門 總持大光明天王 得陀羅尼門光明 憶持一切法
無忘失解脫門 不思議慧天王 得善入一切業自性不思議方
便解脫門 輪臍天王 得轉法輪 成就衆生方便解脫門 光焰
天王 得廣大眼 普觀衆生 而往調伏解脫門

천왕들의 해탈문과 시분 천왕의 게송

또한 시분 천왕은 모든 중생의 선근을 일으켜서 근심과 번뇌를 영원히 여의게 하는 해탈문을 얻었고,

묘광 천왕은 모든 경계에 두루 들어가는 해탈문을 얻었으며,

무진혜공덕당 천왕은 모든 근심을 없애는 큰 자비법륜의 해탈문을 얻었고,

선화단엄 천왕은 삼세 모든 중생들의 마음을 밝게 아는 해탈문을 얻었으며,

총지대광명 천왕은 다라니문의 광명으로 모든 법을 기억하여 지녀 잊어버리지 않는 해탈문을 얻었고,

부사의혜 천왕은 모든 업으로 해서 자성(自性)에 잘 들어가게 하는 부사의한 방편의 해탈문을 얻었으며,

윤제 천왕은 법륜을 굴려서 중생을 성취하게 하는 방편의 해탈문을 얻었고,

광염 천왕은 광대한 눈으로 중생을 두루 관하여 조복 받는 해탈문을 얻었으며,

光照天王 得超出一切業障 不隨魔所作解脫門 普觀察大名
稱天王 得善誘誨一切諸天衆 令受行心淸淨解脫門 爾時 時
分天王 承佛威力 普觀一切時分天衆 而說頌言

광조 천왕은 모든 업장을 초월해서 마(魔)가 짓는 바를 따르지 않게 하는 해탈문을 얻었고,

보관찰대명칭 천왕은 일체 모든 천상의 대중들을 잘 인도하여 마음의 청정함을 수용해서 행하게 하는 해탈문을 얻었다.

이때 시분 천왕이 부처님의 위신력을 받아서 모든 시분천 대중들을 두루 관하고 게송으로 말하였다.

佛於無量久遠劫
已竭世間憂惱海
廣闢離塵清淨道
永耀衆生智慧燈

如來法身甚廣大
十方邊際不可得
一切方便無限量
妙光明天智能入

生老病死憂悲苦
逼迫世間無暫歇
大師哀愍誓悉除
無盡慧光能覺了

부처님께서 한량없는 오랜 겁에
이미 세간의 근심과 번뇌의 바다를 말려버리고
티끌을 여읜 청정한 도를 널리 열어
중생에게 지혜등불을 영원히 비추어주셨네

여래의 법신 심히 광대해서
시방의 끝을 얻을 수 없듯
모든 방편이 한량없으시니
묘광명 천왕이 지혜로 능히 들어갔네

나고 늙고 병들고 죽는 것과 근심과 슬픔과 괴로움이
쉴 새 없이 세간을 핍박하는데
부처님께서 가엾이 여겨 서원코 다 없애심을
무진혜광 천왕이 깨달아 마쳤네

佛如幻智無所礙
於三世法悉明達
普入衆生心行中
此善化天之境界

總持邊際不可得
辯才大海亦無盡
能轉清淨妙法輪
此是大光之解脫

業性廣大無窮盡
智慧覺了善開示
一切方便不思議
如是慧天之所入

부처님께서는 요술과 같이 걸림 없는 지혜로
삼세의 법을 모두 밝게 통달하여
중생들 마음의 행 가운데 널리 들어가시니
선화단엄 천왕의 경계도 이러하네

끝이 없는 다라니와
또 다함 없는 변재의 큰 바다로
청정하고 묘한 법륜을 굴리시니
총지대광명 천왕의 해탈도 이와 같네

업의 성품 광대하여 다함 없거늘
지혜로써 밝게 깨달아 잘 열어 보이는
모든 방편 부사의하니
이러-함에 부사의혜 천왕이 들어갔네

轉不思議妙法輪
顯示修習菩提道
永滅一切衆生苦
此是輪臍方便地

如來眞身本無二
應物隨形滿世間
衆生各見在其前
此是焰天之境界

若有衆生一見佛
必使淨除諸業障
離諸魔業永無餘
光照天王所行道

부사의하고 묘한 법륜을 굴려
닦아 익힌 보리도를 드러내 보여
모든 중생의 고통을 영원히 없애주시니
윤제 천왕 방편의 경지도 이러하네

여래의 참된 몸은 본래 두 가지가 없건만
만물에 응하여 형상을 따라 세간에 가득하게 해서
중생들 각각마다 그들 앞에 계심을 보게 하시니
광염 천왕의 경계도 이와 같네

만약 어떤 중생이 한 번이라도 부처님을 뵈면
반드시 모든 업장이 깨끗이 없어지고
모든 마군의 업 영원히 남김없이 없어지니
광조 천왕이 행하는 도(道)도 이와 같네

一切衆會廣大海
佛在其中最威耀
普雨法雨潤衆生
此解脫門名稱入

모든 대중이 모인 광대한 바다에서
부처님께서 그 가운데 가장 빛나는 위엄으로
널리 법비를 내려 중생들을 윤택하게 하시니
보관찰대명칭 천왕이 들어간 해탈문도 이와 같네

復次釋迦因陀羅天王 得憶念三世佛出興 乃至剎成壞 皆明
見大歡喜解脫門 普稱滿音天王 得能令佛色身 最清淨廣大
世無能比解脫門 慈目寶髻天王 得慈雲普覆解脫門 寶光幢
名稱天王 得恒見佛 於一切世主前 現種種形相威德身解脫
門 發生喜樂髻天王 得知一切衆生 城邑宮殿 從何福業生
解脫門 端正念天王 得開示諸佛 成熟衆生事解脫門

천왕들의 해탈문과 석가인다라 천왕의 게송

또한 석가인다라 천왕은 삼세 부처님의 출현과 세계가
이루어지고 무너짐을 마음 깊이 생각하여 잊지 않아 다
밝게 보아 크게 환희하는 해탈문을 얻었고,

보칭만음 천왕은 부처님의 색신으로 하여금 가장 청정하
고 광대하여 세간에서 견줄 이 없게 하는 해탈문을 얻었
으며,

자목보계 천왕은 자비의 구름을 널리 덮는 해탈문을 얻
었고,

보광당명칭 천왕은 부처님께서 모든 세간의 왕이어서 갖
가지 형상과 위덕의 몸으로 목전에 드러나 있음을 항상
보는 해탈문을 얻었으며,

발생희락계 천왕은 모든 중생의 성읍과 궁전이 어떤 복
업으로부터 생겼는지 아는 해탈문을 얻었고,

단정념 천왕은 모든 부처님께서 중생을 성숙시키는 일을
열어 보이는 해탈문을 얻었으며,

高勝音天王 得知一切世間 成壞劫轉變相解脫門 成就念天
王 得憶念當來菩薩 調伏衆生行解脫門 淨華光天王 得了
知一切諸天 快樂因解脫門 智日眼天王 得開示一切諸天子
受生善根 俾無癡惑解脫門 自在光明天王 得開悟一切諸天
衆 令永斷種種疑解脫門 爾時 釋迦因陀羅天王 承佛威力
普觀一切三十三天衆 而說頌言

고승음 천왕은 모든 세간의 이루어지고 무너지는 겁이 바뀌어 변화하는 모습을 아는 해탈문을 얻었고,

성취념 천왕은 미래의 보살들이 중생을 조복시키는 행을 마음 속 깊이 지녀 잊지 않게 하는 해탈문을 얻었으며,

정화광 천왕은 일체 모든 천상의 쾌락의 원인을 밝게 아는 해탈문을 얻었고,

지일안 천왕은 일체 모든 천자들이 선근(善根)으로 수생(受生)함을 열어 보여서 어리석음과 미혹함이 없게 하는 해탈문을 얻었으며,

자재광명 천왕은 일체 모든 천상 대중들을 깨닫게 하여 갖가지 의심을 영원히 끊게 하는 해탈문을 얻었다.

이때 석가인다라 천왕이 부처님의 위신력을 받아서 모든 삼십삼천 대중들을 두루 관하고 게송으로 말하였다.

我念三世一切佛
所有境界悉平等
如其國土壞與成
以佛威神皆得見

佛身廣大徧十方
妙色無比利群生
光明照耀靡不及
此道普稱能觀見

如來方便大慈海
往劫修行極清淨
化導衆生無有邊
寶髻天王斯悟了

내가 생각하니 삼세 모든 부처님들께서는
모든 경계에 다 평등한 데에서
그 국토들의 무너지고 이루어짐을
부처님의 위신력으로 모두 보이시네

광대한 부처님 몸 시방에 두루하여
비교할 수 없는 묘한 빛으로 중생들을 이롭게 해서
광명이 밝게 비추어 미치지 않는 데가 없게 하시니
이 도리를 보칭만음 천왕이 관하여 보았네

여래의 방편인 대자비의 바다는
지난 겁의 수행으로 극히 청정하여
중생들을 인도해서 교화함, 끝이 없으시니
자목보계 천왕이 이를 깨달아 마쳤네

我念法王功德海
世中最上無與等
發生廣大歡喜心
此寶光天之解脫

佛知衆生善業海
種種勝因生大福
皆令顯現無有餘
此喜髻天之所見

諸佛出現於十方
普徧一切世間中
觀衆生心示調伏
正念天王悟斯道

내가 생각하니 법왕의 공덕바다가
세간에 가장 수승해서 짝할 것 없어
광대한 환희심을 내게 하니
보광당명칭 천왕의 해탈도 이와 같네

부처님께서 중생의 선업의 바다를 알아
갖가지 수승한 인연이 큰 복을 내는 것을
모두 남김없이 명백하게 드러내시니
이를 발생희락계 천왕이 보았네

모든 부처님께서 시방에 출현하여
널리 일체 세간에 두루해서
중생들의 마음을 관해 조복 받음을 보이시니
단정념 천왕이 이 도를 깨달았네

如來智身廣大眼
世界微塵無不見
如是普徧於十方
此勝音天之解脫

一切佛子菩提行
如來悉現毛孔中
如其無量皆具足
此念天王所明見

世間所有安樂事
一切皆由佛出生
如來功德勝無等
此解脫處華王入

부처님 지혜몸의 광대한 눈으로는
세계의 가는 티끌까지도 보지 못함이 없어
이러-히 시방에 널리 두루하시니
고승음 천왕의 해탈도 이와 같네

모든 불자들의 보리행이
여래의 털구멍 속에 모두 나타나게 하시니
그와 같이 한량없이 모두 구족함을
성취넘 천왕이 밝게 보았네

세간의 모든 편안하고 즐거운 일들이
모두 다 부처님으로 말미암아 나온
여래의 짝할 것 없는 수승한 공덕이니
이 해탈에 정화광 천왕이 들어갔네

若念如來少功德
乃至一念心專仰
諸惡道怖悉永除
智眼於此能深悟

寂滅法中大神通
普應群心靡不周
所有疑惑皆令斷
此光明王之所得

여래의 적은 공덕이라고 생각되는 것이라도
한결같은 마음으로 온전히 따르면
모든 악도의 두려움이 모두 영원히 없어지니
지일안 천왕이 이를 깊이 깨달았네

열반법 가운데 큰 신통으로
중생의 마음에 널리 두루 응하여
모든 의혹을 다 끊게 하시니
이를 자재광명 천왕이 얻었네

復次日天子 得淨光普照十方衆生 盡未來劫常爲利益解脫門 光焰眼天子 得以一切隨類身 開悟衆生 令入智慧海解脫門 須彌光歡喜幢天子 得爲一切衆生主 令勤修無邊淨功德解脫門 淨寶月天子 得修一切苦行 深心歡喜解脫門 勇猛不退轉天子 得無礙光普照 令一切衆生 益其精爽解脫門 妙華纓光明天子 得淨光普照衆生身 令生歡喜信解海解脫門

🌀 천자들의 해탈문과 일 천자의 게송

또한 일 천자는 청정한 광명으로 시방의 중생들을 널리 비추어 미래 겁이 다하도록 항상 이익케 하는 해탈문을 얻었고,

광염안 천자는 모든 종류를 따르는 몸으로 중생의 마음을 열어 깨닫게 하여 지혜의 바다에 들어가게 하는 해탈문을 얻었으며,

수미광환희당 천자는 모든 중생의 왕이 되어 가없이 청정한 공덕을 부지런히 닦게 하는 해탈문을 얻었고,

정보월 천자는 모든 고행을 닦아 깊은 마음으로 환희케 하는 해탈문을 얻었으며,

용맹불퇴전 천자는 걸림 없는 광명으로 널리 비추어 모든 중생들을 이익케 하는 그 영혼의 해탈문을 얻었고,

묘화영광명 친자는 청정한 광명으로 중생들의 몸을 널리 비추어 환희심으로 믿음의 바다에 나게 하는 해탈문을 얻었으며,

最勝幢光明天子 得光明普照一切世間 令成辦種種妙功德
解脫門 寶髻普光明天子 得大悲海 現無邊境界種種色相寶
解脫門 光明眼天子 得淨治一切衆生眼 令見法界藏解脫門
持德天子 得發生淸淨相續心 令不失壞解脫門 普運行光明
天子 得普運日宮殿 照十方一切衆生 令成就所作業解脫門
爾時 日天子 承佛威力 徧觀一切日天子衆 而說頌言

최승당광명 천자는 광명으로 모든 세간을 널리 비추어 갖가지 묘한 공덕을 힘써 이루게 하는 해탈문을 얻었고,

보계보광명 천자는 대비바다에 가없는 경계의 갖가지 색상 보배를 나타내는 해탈문을 얻었으며,

광명안 천자는 모든 중생의 눈을 청정하게 다스려 법계의 보배장을 보게 하는 해탈문을 얻었고,

지덕 천자는 청정하게 계승하는 마음을 내어서 잃어버리거나 무너지지 않게 하는 해탈문을 얻었으며,

보운행광명 천자는 태양궁전을 널리 운용하여 시방의 모든 중생을 비추어서 짓는 업을 성취케 하는 해탈문을 얻었다.

이때 일 천자가 부처님의 위신력을 받아서 모든 일 천자의 대중들을 두루 관하고 게송으로 말하였다.

如來廣大智慧光
普照十方諸國土
一切衆生咸見佛
種種調伏多方便

如來色相無有邊
隨其所樂悉現身
普爲世間開智海
焰眼如是觀於佛

佛身無等無有比
光明照耀徧十方
超過一切最無上
如是法門歡喜得

여래의 광대한 지혜광명이
시방의 모든 국토를 두루 비추어
모든 중생들이 부처님의
갖가지 조복시키는 많은 방편들을 다 보게 하시네

여래의 색상은 끝이 없어서
그 좋아하는 바를 따라서 모든 몸을 나투어
널리 세간을 위해 지혜바다를 여시니
광염안 천자가 이러한 부처님을 보았네

부처님 몸은 짝하거나 비할 것 없어
밝게 비추는 광명으로 시방에 두루하여
일체를 초월해서 가장 뛰어나시니
이러-한 법문을 수미광환희당 천자가 얻었네

爲利世間修苦行
往來諸有無量劫
光明徧淨如虛空
寶月能知此方便

佛演妙音無障礙
普徧十方諸國土
以法滋味益群生
勇猛能知此方便

放光明網不思議
普淨一切諸含識
悉使發生深信解
此華纓天所入門

세간을 이익케 하려고 고행을 닦아서
모든 유루의 세계에 왕래한 것이 한량없는 겁이기에
두루 청정한 광명, 허공과 같으시니
정보월 천자가 이 방편을 알았네

부처님께서는 장애 없는 묘한 음성으로
시방의 모든 국토에 널리 펴서
법의 맛으로써 중생을 이익케 하시니
용맹불퇴전 천자가 이 방편을 알았네

부사의한 광명의 그물을 펼쳐
널리 모든 중생을 두루 청정하게 하여
모두가 깊은 믿음을 내게 하시니
이것이 묘화영광명 천자가 들어간 문이네

世間所有諸光明
不及佛一毛孔光
佛光如是不思議
此勝幢光之解脫

一切諸佛法如是
悉坐菩提樹王下
令非道者住於道
寶髻光明如是見

衆生盲闇愚癡苦
佛欲令其生淨眼
是故爲然智慧燈
善目於此深觀察

세간에 있는 모든 광명이
부처님의 한 털구멍의 광명에도 미치지 못해서
부처님 광명 이러-히 부사의하니
최승당광명 천자의 해탈도 이와 같네

일체 모든 부처님의 법이 이러-함이여
모두 보리수 아래 앉아
도자(道者)가 아닌 이들로 하여금 도에 머물게 하시니
보계보광명 천자가 이러-히 보았네

중생들이 눈 멀고 어리석어 괴로워함에
부처님께서 그들에게 청정한 눈이 생기게 하고자
지혜의 등불을 켜시니
선목 천자가 이를 깊이 관찰했네

解脫方便自在尊
若有曾見一供養
悉使修行至於果
此是德天方便力

一法門中無量門
無量千劫如是說
所演法門廣大義
普運光天之所了

해탈의 방편이 자재하신 세존을
만약 뵙고 공양을 한 번 올리기만 해도
모든 수행이 보리과에 이르게 하시니
지덕 천자의 방편의 힘도 이와 같네

온통인 법 가운데 한량없는 문이여
한량없는 천 겁에 이러-히 설하시니
설하신 법문의 광대한 뜻
보운행광명 천자가 깨달았네

復次月天子 得淨光 普照法界 攝化衆生解脫門 華王髻光
明天子 得觀察一切衆生界 令普入無邊法解脫門 衆妙淨光
天子 得了知一切衆生心海 種種攀緣轉解脫門 安樂世間心
天子 得與一切衆生不可思議樂 令踊躍大歡喜解脫門 樹王
眼光明天子 得如田家 作業 種芽莖等 隨時守護 令成就解
脫門 出現淨光天子 得慈悲救護一切衆生 令現見受苦受樂
事解脫門 普遊不動光天子 得能持清淨月 普現十方解脫門

천자들의 해탈문과 월 천자의 게송

또한 월 천자는 청정한 광명으로 법계를 널리 비추어 중생들을 거두어 교화하는 해탈문을 얻었고,

화왕계광명 천자는 모든 중생세계를 관찰하여 가없는 법에 널리 들어가게 하는 해탈문을 얻었으며,

중묘정광 천자는 모든 중생들 마음바다의 갖가지 반연으로 구름(轉)을 밝게 아는 해탈문을 얻었고,

안락세간심 천자는 모든 중생에게 부사의한 즐거움을 주어서 뛰어오를 듯 크게 환희하게 하는 해탈문을 얻었으며,

수왕안광명 천자는 밭을 가꿀 때 종자와 싹과 줄기를 때에 따라 지키고 보호하듯 하여 성취케 하는 해탈문을 얻었고,

출현정광 천자는 자비로써 모든 중생을 구제하고 보호해서 고락을 받는 일을 나투어 보게 하는 해탈문을 얻었으며,

보유부동광 천자는 청정한 달을 지녀 시방에 널리 나투는 해탈문을 얻었고,

星宿王自在天子 得開示一切法 如幻如虛空 無相無自性解
脫門 淨覺月天子 得普爲一切衆生 起大業用解脫門 大威
德光明天子 得普斷一切疑惑解脫門 爾時 月天子 承佛威
力 普觀一切月宮殿中諸天衆會 而說頌言

성수왕자재 천자는 모든 법이 환과 같고 허공과 같아서 상도 없고 자성도 없음을 열어 보이는 해탈문을 얻었으며,

정각월 천자는 널리 모든 중생을 위해서 큰 업(業)을 일으켜 쓰는 해탈문을 얻었고,

대위덕광명 천자는 모든 의혹을 널리 끊어버리는 해탈문을 얻었다.

이때 월 천자가 부처님의 위신력을 받아서 모든 월궁전 가운데의 모든 천상의 대중모임을 두루 관하고 게송으로 말하였다.

佛放光明徧世間
照耀十方諸國土
演不思議廣大法
永破衆生癡惑暗

境界無邊無有盡
於無量劫常開導
種種自在化群生
華髻如是觀於佛

衆生心海念念殊
佛智寬廣悉了知
普爲說法令歡喜
此妙光明之解脫

부처님께서 놓으신 광명이 세간에 두루하여
시방의 모든 국토를 밝게 비추어
부사의하고 광대한 법을 널리 펴서
중생의 어리석음과 미혹의 어둠을 영원히 깨뜨리네

경계라는 것은 끝없고 다함 없거늘
한량없는 겁 동안 항상 깨우쳐 인도하여
갖가지로 자재하게 중생들을 교화하시니
화왕계광명 천자가 이러-한 부처님을 보았네

중생들의 마음바다가 생각생각마다 달라지거늘
부처님께서는 크고 넓어 모두 밝게 아는 지혜로
널리 법을 설해 기쁘게 하시니
묘광명 천자의 해탈도 이와 같네

衆生無有聖安樂
沈迷惡道受諸苦
如來示彼法性門
安樂思惟如是見

如來希有大慈悲
爲利衆生入諸有
說法勸善令成就
此目光天所了知

世尊開闡法光明
分別世間諸業性
善惡所行無失壞
淨光見此生歡喜

중생들에게는 성스러운 안락함이 없어서
악도에 빠져 헤매면서 온갖 고통 받거늘
여래께서 저들에게 법성의 문을 보이시니
안락세간심 천자가 사유하여 이러-히 보았네

여래께서 희유한 대자비로
중생들을 이익케 하고자 모든 유루의 세계에 들어가서
법을 설하여 선(善)을 권해 성취케 하시니
이를 목광 천자가 밝게 깨달았네

세존께서 법의 광명을 열어 펴서
세간의 모든 업의 성품을 분별하나
선과 악을 행한 곳에 잃고 무너짐이 없다 하시니
출현정광 천자가 이를 보고 환희심을 내었네

佛爲一切福所依
譬如大地持宮室
巧示離憂安隱道
不動能知此方便

智火大明周法界
現形無數等衆生
普爲一切開眞實
星宿王天悟斯道

佛如虛空無自性
爲利衆生現世間
相好莊嚴如影像
淨覺天王如是見

부처님께서는 모든 복의 의지할 바라
마치 대지가 궁전을 지탱해주듯이
근심 여읜 편안하고 그윽한 도를 공교롭게 보이시니
보유부동광 천자가 이와 같은 방편을 알았네

크게 밝은 지혜의 불꽃으로 법계에 두루하여
수없는 중생의 무리에게 모습을 나투어
널리 모두를 위해 참답고 실답게 여시니
성수왕자재 천자가 이 도를 깨달았네

부처님께서는 허공같이 자기 성품이랄 것도 없는 데에서
중생을 이익케 하고자 세간에 나투어
그림자와 같은 형상에 상호를 장엄하시니
정각월 천왕이 이와 같음을 보았네

佛身毛孔普演音
法雲覆世悉無餘
聽聞莫不生歡喜
如是解脫光天悟

부처님께서 몸의 털구멍으로 소리를 널리 펴서
법의 구름으로 세간을 남김없이 모두 덮으심에
듣고서 환희하지 않는 이 없으니
이러-한 해탈을 대위덕광명 천자가 깨달았네

대원선사 결문

대원선사 결문(決文)

그릇 따라 베푸신 법의 희유하고 희유함이여!
이 도리를 알고 싶은가?

묘고봉을 앉은 자리에서 보아 마쳐
대천계도 밖의 것 아닌 데에서
웃음 속에 구제하는 그것이 화엄일세

∽ 미주

* 겁해(劫海) : 겁의 수량이 바닷물처럼 많은 것을 겁해라고 한다.
* 모든 유루의 세계 : 원문의 '제유(諸有)'를 때에 따라 '모든 미혹의 경계' 혹은 '모든 유루의 세계'라 번역하였다. 모든 유루의 세계는 삼계 즉 욕계, 색계, 무색계를 다 통틀어 말하는 것이다. 인간세계가 속해 있는 욕계에서 보자면 인간, 천상으로부터 축생, 아수라, 아귀, 지옥의 육도가 다 이에 속하며 유정은 물론 물, 불, 바람, 흙에 이르기까지의 무정까지의 모든 중생세계도 이에 속한다. 이 화엄경을 보면 불보살님의 교화는 이렇게 높고 낮고 크고 작은 것을 초월하여 극미세의 세계에까지 두루 미쳐 있다는 것을 알 수 있다. 이런 이치에 따라 '제유'를 '모든 유루의 세계'라고 번역하였다.
* 보문(普門) : 일문(一門)에 일체 문(門)을 포섭한 것을 말한다. 일체 곳에 변만하게 통하고 걸림 없어 무량문이라고도 한다. 모든 부처님들이 이 무량의 문을 열어 중생의 일체 고를 없애서 보리를 성취하게 한다.
* 보배장 : 원문의 '장(藏)'은 곳집, 광, 창고 등으로 쓰이는 글자인데 이 한 글자로 보장(寶藏) 즉 보배장의 뜻으로도 쓰인다. 화엄경에서는 대부분 보장으로 쓰였다.
* 사섭법(四攝法) : 보살이 중생 구제를 위해 중생을 불도로 이끄는 네 가지 방법. ① 보시(布施). 상대방이 좋아하는 재물보시나 법보시로

이끎. ② 애어(愛語). 상대방이 좋아하는 부드럽고 온화한 말로 이끎.
③ 이행(利行). 생각과 말과 행동으로 선행하여 중생을 이익케 하여
이끎. ④ 동사(同事). 상대방의 근기를 따라 변신하여 같은 일에 종
사하면서 행동을 같이 하여 이끎.

* 십력(十力) : ① 일체 도리와 도리 아님을 아는 지혜의 힘. ② 일체
  중생의 삼세인과의 업보를 아는 지혜의 힘. ③ 모든 선정과 해탈삼
  매를 아는 지혜의 힘. ④ 중생의 근기의 수승함과 열등함, 얻은 과
  가 크고 작음을 아는 지혜의 힘. ⑤ 일체 중생의 알음알이를 아는
  지혜의 힘. ⑥ 일체 중생의 서로 다른 모든 경계를 아는 지혜의 힘.
  ⑦ 일체 중생의 도를 행하는 인과를 아는 지혜의 힘. ⑧ 천안으로
  일체 중생의 생사와 선악의 업연을 장애 없이 아는 지혜의 힘. ⑨
  일체 중생들의 무루의 열반을 아는 지혜의 힘. ⑩ 일체 망상과 미
  혹, 습기를 영원히 끊어서 다시 남이 없음을 여실히 아는 지혜의
  힘.

81권 화엄경 권과 품

1. 세주묘엄품(世主妙嚴品)　　화엄경 1권 ~ 5권
2. 여래현상품(如來現相品)　　화엄경 6권
3. 보현삼매품(普賢三昧品)　　화엄경 7권
4. 세계성취품(世界成就品)　　화엄경 7권
5. 화장세계품(華藏世界品)　　화엄경 8권 ~ 10권
6. 비로자나품(毘盧遮那品)　　화엄경 11권
7. 여래명호품(如來名號品)　　화엄경 12권
8. 사성제품(四聖諦品)　　화엄경 12권
9. 광명각품(光明覺品)　　화엄경 13권
10. 보살문명품(菩薩問明品)　　화엄경 13권
11. 정행품(淨行品)　　화엄경 14권
12. 현수품(賢首品)　　화엄경 14권 ~ 15권
13. 승수미산정품(升須彌山頂品)　　화엄경 16권
14. 수미정상게찬품(須彌頂上偈讚品)　　화엄경 16권
15. 십주품(十住品)　　화엄경 16권
16. 범행품(梵行品)　　화엄경 17권
17. 초발심공덕품(初發心功德品)　　화엄경 17권
18. 명법품(明法品)　　화엄경 18권
19. 승야마천궁품(昇夜摩天宮品)　　화엄경 19권
20. 야마궁중게찬품(夜摩宮中偈讚品)　　화엄경 19권

불조정맥

불조정맥(佛祖正脈)

🪷 인 도

교조 석가모니불 (敎祖 釋迦牟尼佛)

1조 마하가섭 (摩訶迦葉)

2조 아난다 (阿難陀)

3조 상나화수 (商那和脩)

4조 우바국다 (優波鞠多)

5조 제다가 (堤多迦)

6조 미차가 (彌遮迦)

7조 바수밀 (婆須密)

8조 불타난제 (佛陀難堤)

9조 복타밀다 (伏馱密多)

10조 파율습박(협) (波栗濕縛, 脇)

11조 부나야사 (富那夜奢)

12조 아나보리(마명) (阿那菩堤, 馬鳴)

13조 가비마라 (迦毗摩羅)

14조 나가르주나(용수) (那閼羅樹那, 龍樹)

15조 가나제바 (迦那堤波)

16조 라후라타 (羅睺羅陀)

17조 승가난제 (僧伽難提)

18조 가야사다 (迦耶舍多)

19조 구마라다 (鳩摩羅多)

20조 사야다 (闍夜多)

21조 바수반두 (婆修盤頭)

22조 마노라 (摩拏羅)

23조 학륵나 (鶴勒那)

24조 사자보리 (師子菩堤)

25조 바사사다 (婆舍斯多)

26조 불여밀다 (不如密多)

27조 반야다라 (般若多羅)

28조 보리달마 (菩堤達磨)

🪷 중 국

29조 신광 혜가 (2 조 神光 慧可)

30조 감지 승찬 (3 조 鑑智 僧璨)

31조 대의 도신 (4 조 大醫 道信)

32조 대만 홍인 (5 조 大滿 弘忍)

33조 대감 혜능 (6 조 大鑑 慧能)

34조 남악 회양 (7 조 南嶽 懷讓)

35조 마조 도일 (8 조 馬祖 道一)

36조 백장 회해 (9 조 百丈 懷海)

37조 황벽 희운 (10조 黃檗 希雲)

38조 임제 의현 (11조 臨濟 義玄)

39조 흥화 존장 (12조 興化 存奬)

40조 남원 혜옹 (13조 南院 慧顒)

41조 풍혈 연소 (14조 風穴 延沼)

42조 수산 성념 (15조 首山 省念)

43조 분양 선소 (16조 汾陽 善昭)

44조 자명 초원 (17조 慈明 楚圓)

45조 양기 방회 (18조 楊岐 方會)

46조 백운 수단 (19조 白雲 守端)

47조 오조 법연 (20조 五祖 法演)

48조 원오 극근 (21조 圓悟 克勤)

49조 호구 소륭 (22조 虎丘 紹隆)

50조 응암 담화 (23조 應庵 曇華)

51조 밀암 함걸 (24조 密庵 咸傑)

52조 파암 조선 (25조 破庵 祖先)

53조 무준 사범 (26조 無準 師範)

54조 설암 혜랑 (27조 雪岩 慧郞)

55조 급암 종신 (28조 及庵 宗信)

56조 석옥 청공 (29조 石屋 淸珙)

✿ 한 국

57조 태고 보우 (1 조 太古 普愚)

58조 환암 혼수 (2 조 幻庵 混脩)

59조 구곡 각운 (3 조 龜谷 覺雲)

60조 벽계 정심 (4 조 碧溪 淨心)

61조 벽송 지엄 (5 조 碧松 智儼)

62조 부용 영관 (6 조 芙蓉 靈觀)

63조 청허 휴정 (7 조 淸虛 休靜)

64조 편양 언기 (8 조 鞭羊 彦機)

65조 풍담 의심 (9 조 楓潭 義諶)

66조 월담 설제 (10조 月潭 雪霽)

67조 환성 지안 (11조 喚醒 志安)

68조 호암 체정 (12조 虎巖 體淨)

69조 청봉 거안 (13조 靑峰 巨岸)

70조 율봉 청고 (14조 栗峰 靑杲)

71조 금허 법첨 (15조 錦虛 法沾)

72조 용암 혜언 (16조 龍巖 慧言)

73조 영월 봉율 (17조 詠月 奉律)

74조 만화 보선 (18조 萬化 普善)

75조 경허 성우 (19조 鏡虛 惺牛)

76조 만공 월면 (20조 滿空 月面)

77조 전강 영신 (21조 田岡 永信)

78대 대원 문재현 (22대 大圓 文載賢)

대원 문재현 선사님
인가 내력

대원 문재현 선사님 인가 내력

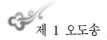
제 1 오도송

이 몸을 끄는 놈 이 무슨 물건인가?
골똘히 생각한 지 서너 해 되던 때에
쉬이하고 불어온 솔바람 한 소리에
홀연히 대장부의 큰 일을 마치었네

무엇이 하늘이고 무엇이 땅이런가
이 몸이 청정하여 이러-히 가없어라
안팎 중간 없는 데서 이러-히 응하니
취하고 버림이란 애당초 없다네

하루 온종일 시간이 다하도록
헤아리고 분별한 그 모든 생각들이

옛 부처 나기 전의 오묘한 소식임을
듣고서 의심 않고 믿을 이 누구인가!

此身運轉是何物
疑端汩沒三夏來
松頭吹風其一聲
忽然大事一時了

何謂青天何謂地
當體清淨無邊外
無內外中應如是
小分取捨全然無

一日於十有二時
悉皆思量之分別
古佛未生前消息
聞者卽信不疑誰

대원 문재현 선사님의 스승이신 불조정맥 제77조 조계종(曹溪宗)
전강(田岡) 대선사님께서 1962년 대구 동화사의 조실로 계실 당시
대원 문재현 선사님께서도 동화사에 함께 머무르고 계셨다.
  하루는, 전강 대선사님께서 대원 선사님의 3연으로 되어 있는 제
1오도송을 들어 깨달은 바는 분명하나 대개 오도송은 짧게 짓는다

고 말씀하셨다. 이에 대원 선사님께서는 제1오도송을 읊은 뒤, 도솔암을 떠나 김제들을 지나다가 석양의 해와 달을 보고 문득 읊었던 제2오도송을 일러드렸다.

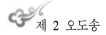

제 2 오도송

해는 서산 달은 동산 덩실하게 얹혀 있고
김제의 평야에는 가을빛이 가득하네
대천이란 이름자도 서지를 못하는데
석양의 마을길엔 사람들 오고 가네

日月兩嶺載同模
金提平野滿秋色
不立大千之名字
夕陽道路人去來

제2오도송을 들으신 전강 대선사님께서는 이에 그치지 않고 그와 같은 경지를 담은 게송을 이 자리에서 즉시 한 수 지어볼 수 있겠냐고 하셨다. 대원 선사님께서는 곧바로 다음과 같이 읊으셨다.

바위 위에는 솔바람이 있고

산 아래에는 황조가 날도다
대천도 흔적조차 없는데
달밤에 원숭이가 어지러이 우는구나

岩上在松風
山下飛黃鳥
大千無痕迹
月夜亂猿啼

　전강 대선사님께서는 위 송의 앞의 두 구를 들으실 때만 해도 지그시 눈을 감고 계시다가 뒤의 두 구를 마저 채우자 문득 눈을 뜨고 기뻐하는 빛이 역력하셨다.

　그러나 전강 대선사님께서는 여기에서도 그치지 않고 다시 한 번 물으셨다.

　"대중들이 자네를 산으로 불러내고 그중에 법성(향곡 스님 법제자인 진제 스님. 동화사 선방에 있을 당시에 '법성'이라 불렸고, 나중에 '법원'으로 개명하였다.)이 달마불식(達磨不識) 도리를 일러보라 했을 때 '드러났다'고 답했다는데, 만약에 자네가 당시의 양무제였다면 '모르오'라고 이르고 있는 달마 대사에게 어떻게 했겠는가?"

　대원 선사님께서 답하셨다.

　"제가 양무제였다면 '성인이라 함도 서지 못하나 이러-히 짐의 덕화와 함께 어우러짐이 더욱 좋지 않겠습니까?' 하며 달마 대사의

손을 잡아 일으켰을 것입니다."

전강 대선사님께서 탄복하며 말씀하셨다.

"어느새 그 경지에 이르렀는가?"

"이르렀다곤들 어찌 하며, 갖추었다곤들 어찌 하며, 본래라곤들 어찌 하리까? 오직 이러-할 뿐인데 말입니다."

대원 선사님께서 연이어 말씀하시자 전강 대선사님께서 이에 환희하시니 두 분이 어우러진 자리가 백아가 종자기를 만난 듯, 고수 명창 어울리듯 화기애애하셨다.

달마불식 공안에 대한 위의 문답은 내력이 있는 것이다. 전강 대선사님께서 대원 선사님을 부르기 며칠 전에, 저녁 입선 시간 중에 노장님 몇 분만이 자리에 앉아있을 뿐 자리가 텅텅 비어 있었다고 한다.

대원 선사님께서 이상히 여기고 있던 중, 밖에서 한 젊은 수좌가 대원 선사님을 불렀다. 그 수좌의 말이 스님들이 모두 윗산에 모여 기다리고 있으니 가자고 하기에 무슨 일인가 하고 따라가셨다.

그러자 그 자리에 있던 법성 스님이 보자마자 달마불식 법문을 들고 이르라고 하기에 지체없이 답하셨다.

"드러났다."

곁에 계시던 송암 스님께서 또 안수정등 법문을 들고 물으셨다.

"여기서 어떻게 살아나겠소?"

대뜸 큰소리로 이르셨다.

"안·수·정·등."

이에 좌우에 모인 스님들이 함구무언(緘口無言)인지라 대원 선사님께서는 먼저 그 자리를 떠나 내려와 버리셨다.

그 다음날 입승인 명허 스님께서 아침 공양이 끝난 자리에서 지난 밤 입선시간 중에 무단으로 자리를 비운 까닭을 묻는 대중 공사를 붙여 산 중에서 있었던 일들이 낱낱이 드러나고 말았다. 그리하여 입선시간 중에 자리를 비운 스님들은 가사 장삼을 수하고 조실인 전강 대선사님께 참회의 절을 했던 일이 있었다.

전강 대선사님께서는 이때에 대원 선사님께서 달마불식 도리에 대해 일렀던 경지를 점검하셨던 것이다.

이런 철저한 검증의 자리가 있었던 다음 날, 전강 대선사님께서 부르시기에 대원 선사님께서 가보니 주지인 월산(月山) 스님께서 모든 것이 약조된 데에서 입회해 계셨으며 전강 대선사님께서는 곧바로 다음과 같이 전법게(傳法偈)를 전해주셨다.

 전 법 게

부처와 조사도 일찍이 전한 것이 아니거늘
나 또한 어찌 받았다 하며 준다 할 것인가
이 법이 2천년대에 이르러서
널리 천하 사람을 제도하리라

佛祖未曾傳
我亦何受授
此法二千年
廣度天下人

　덧붙여 이 일은 월산 스님이 증인이며 2000년까지 세 사람 모두 절대 다른 사람이 알게 하거나 눈에 띄게 하지 않아야 한다고 당부하셨다.

　만약 그러지 않을 시에는 대원 선사님께서 법을 펴 나가는데 장애가 있을 것이라고 예언하셨다. 또한 각별히 신변을 조심하라 하시고 월산 스님에게 명령해 대원 선사님을 동화사의 포교당인 보현사에 내려가 교화에 힘쓰게 하셨다.

　대원 선사님께서 보현사로 떠나는 날, 전강 대선사님께서는 미리 적어두셨던 부송(付頌)을 주셨으니 다음과 같다.

 부 송

　어상을 내리지 않고 이러-히 대한다 함이여
　뒷날 돌아이가 구멍 없는 피리를 불리니
　이로부터 불법이 천하에 가득하리라

不下御床對如是
後日石兒吹無孔
自此佛法滿天下

　위의 송의 '어상을 내리지 않고 이러-히 대한다 함이여'라는 첫째
줄 역시 내력이 있는 구절이다.
　전에 대원 선사님께서 전강 대선사님을 군산 은적사에서 모시고
계실 당시 마당에서 홀연히 마주쳤을 때 다음과 같은 문답이 있었
다.
　전강 대선사님께서 물으셨다.
　"공적(空寂)의 영지(靈知)를 이르게."
　대원 선사님께서 대답하셨다.
　"이러-히 스님과 대담(對談)합니다."
　"영지의 공적을 이르게."
　"스님과의 대담에 이러-합니다."
　"어떤 것이 이러-히 대담하는 경지인가?"
　"명왕(明王)은 어상(御床)을 내리지 않고 천하 일에 밝습니다."
　위와 같은 문답 중에 대원 선사님께서 답하신 경지를 부송의 첫
째 줄에 담으신 것이다.

　전강 대선사님께서 대원 선사님을 인가(印可)하신 과정을 볼 때
한 번, 두 번, 세 번을 확인하여 철저히 점검하신 명안종사의 안목

에 탄복하지 않을 수 없으며 이에 끝까지 1초의 머뭇거림도 없이 명철하셨던 대원 선사님께 찬탄하지 않을 수 없다.

그리하여 법열로 어우러진 두 분의 자리가 재현된 듯 함께 환희용약하지 않을 수 없다.

이제 전강 대선사님과 약속한 2천년대를 맞이하였으므로 여기에 전법게를 밝힌다.

이로써 경허, 만공, 전강 대선사님으로 내려온 근대 대선지식의 정법의 횃불이 이 시대에 이어져 전강 대선사님의 예언대로 불법이 천하에 가득할 것이다.

21세기에
인류가 해야 할 일

21세기에 인류가 해야 할 일

이 사람은 1962년 26세 때부터 21세기에 인류에게 닥칠 공해문제, 에너지문제를 예견하고 대체에너지(무한원동기, 태양력, 파력, 풍력 등) 개발과 '울 안의 농법'을 연구하고 그 필요성을 많은 이들에게 이야기해 왔습니다.

당시에는 너무 시대를 앞서가는 이야기여서인지 일반인들이 수용하지 못하고 오히려 불신의 눈으로 바라보며 이 사람의 법마저 의심하였습니다. 하지만 현대에 있어서는 이것이 인류가 해결해야 할 가장 절박한 사안이 되어 있습니다.

'사막화방지 국제연대'를 설립한 것도 현재 인류가 해결해야 할 가장 절박한 지구환경문제를 이슈화시키고 그 해결책을 제시하여 재앙에 직면한 지구촌을 살리기 위해서입니다.

'사막화방지 국제연대'에서 추진하고 있는 사막화 방지, 지구 초원화, 대체에너지 개발은 온 인류가 발 벗고 나서서 해야 할 일입니다.

첫 번째 사막화 방지에 있어서 기존에 해왔던 '나무심기 사업'은 천문학적인 예산과 많은 인력을 동원하고도 극도로 황폐한 사막화된 환경을 되살리는 데 실패하였습니다.

그래서 이 사람은 사막화 방지에 있어서는 '사막 해수로 사업'을 새로운 방안으로 제시하였습니다.

사막 해수로 사업은 사막화된 지역에 수도관을 매설하여 바닷물을 끌어들여서 염분에 강한 식물을 중심으로 자연생태계를 복원하는 사업입니다.

이것은 나무심기 사업으로 심은 나무들이 절대적으로 물이 부족하여 생존할 수 없었던 문제를 해결할 수 있는, 현재로서는 유일한 해결책입니다.

그러나 '사막화방지 국제연대'의 목적은 사막이 확장되는 것을 방지하자는 것이지 사막 전체를 완전히 없애자는 것은 아닙니다. 인체에서 심장이 모든 피를 전신의 구석구석까지 골고루 보내어 살아서 활동하게 하듯이 사막은 오히려 지구의 심장 역할을 하는 중요한 곳이기 때문입니다.

그래서 21세기에 있어서는 다만 사막의 확장을 방지할 뿐 아니라 사막을 어떻게 운용하느냐를 연구해야 합니다.

사막에 바둑판처럼 사방이 막힌 플륨관 수로를 설치하여 동, 서, 남, 북 어느 방향의 수로를 얼마만큼 채우느냐 비우느냐에 따라, 사막으로부터 사방 어느 방향으로든 거리까지 조절하여, 원하는 지역에 비를 내리게 하고 그치게 할 수 있습니다. 철저히 과학적인

데이터에 의해 이렇게 사막을 운용함으로써 21세기의 지구를 풍요로운 낙원시대로 만들어가야 합니다.

두 번째로 지구를 초원화할 수 있는 방안으로서 3년간의 실험을 통해, 광활한 황무지 지역을 큰 비용을 들이거나 많은 인력을 동원하지 않고도 짧은 시간 내에 초지로 바꿀 수 있는 식물을 찾아냈습니다.

그것은 바로 '돌나물'입니다. 돌나물은 따로 종자를 심을 필요가 없이 헬리콥터나 비행기로 살포해도 생존, 번식할 수 있으며, 추위와 더위, 황폐한 땅에서도 살아남을 수 있는 생명력과 번식력이 강한 식물입니다.

지구환경을 되살리는 초지조성 사업에 있어서 이것이 큰 도움이 되리라 생각합니다.

세 번째의 대체에너지 개발에 있어서는 태양력, 파력, 풍력 등 1962년도부터 이 사람이 연구하고 얘기해왔던 방법들이 이미 많이 개발되어 실용화한 단계에 있습니다.

이 세 가지 일은 한 개인이나 한 국가가 할 수 있는 일이 아닙니다. 모든 국가가 앞장서서 전세계적인 사업으로 이루어져야 합니다. 모든 국가가 함께 한 기금조성이 이루어져야 하고 기금조성에 참여한 국가는 이 시스템에 의한 전면적인 혜택을 입을 수 있도록 해야 합니다.

인류 모두가 지혜를 모아 이 일에 전력을 다한다면 인류는 유사 이래 가장 좋은 시절을 맞이하게 될 것이며, 만약 이 일을 남의 일인 양 외면한다면 극한의 재앙을 면할 수 없을 것입니다.

이 사람이 오래 전부터 얘기해왔던 '울 안의 농법'은 이미 미국 라스베이거스(Las Vegas)에서 30층짜리 '고층 빌딩 농장'으로 구현되었습니다. 그렇게 크게도 운영될 수 있지만 각자 자신의 집에서 이루어지는 '울 안의 농법'도 필요합니다.

21세기에 있어서 또 하나 인류가 만일의 사태를 대비해서 연구, 추진해야 될 일이 있다면 바닷속에서의 수중생활, 수중경작입니다.

지구가 심하게 온난화될 경우, 공기가 너무 많이 오염될 경우, 바닷물이 높아져 살 땅이 좁아질 경우 등에 대비할 때, 인류는 우주에서의 삶보다는 바닷속에서의 삶을 준비해야 합니다. 왜냐하면 그것이 훨씬 수월하고 비용도 절감할 수 있기 때문입니다.

이렇게 깨달은 이는 이변적으로는 깨달음을 얻게 하여 영생불멸의 삶을 영위할 수 있도록 만인을 이끌어야 하며 사변적으로는 일반인이 예측할 수 없는 백 년, 천 년 앞을 내다보아 이를 미리 앞서 대비하도록 만인의 삶을 이끌어줘야 한다고 생각합니다.

불법의 뜻은 다만 진리 전수에만 있는 것이 아니니, 만인이 서로 함께 영원한 극락을 누릴 때까지 물심양면으로, 이사일여로 베풀어 교화해야 하기 때문입니다.

가슴으로 부르는
불심의 노래

여기에 실린 것들은 모두 대원 문재현 선사님께서 직접 작사하신 곡들이다.

　수행의 길로 들어서게끔 신심, 발심을 북돋아주는 곡으로부터 수행의 길로 접어든 이의 구도의 몸부림이 담겨있는 곡, 대승의 원력을 발해서 교화하는 보살의 자비심과 함께 낙원세계를 누리는 풍류를 그려놓은 곡까지 가사 한마디, 한마디가 생생하여 그 뜻이 뼛속 깊이 새겨지고 그 멋에 흠뻑 취하게 된다.

　대원 문재현 선사님께서는 거칠고 말초적인 요즘의 노래를 듣고 이러한 정서를 순화시키고자, 또한 수행의 마음을 진작시키고자 하는 뜻에서 이 곡들을 작사하셨다.

서 원 가

작사 문재현
작곡 배신영
노래 홍노경

느리게

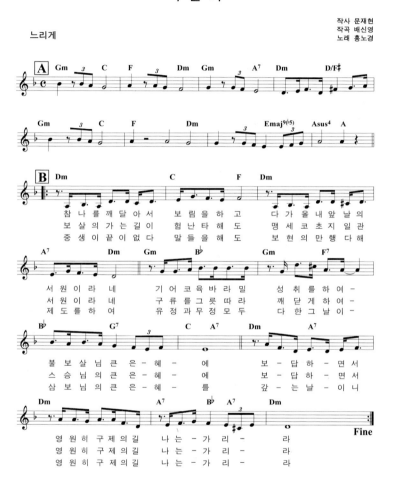

반조 염불가

작사 문재현
작곡 배신영
노래 홍노경

느리게

님께-서 베푸신 자비의 은혜 오늘
본래-에 드러난 나인걸 몰라 낙원

도 감사한 맘-어-찌- 잊으리니
을 고해로서- 사-는- 삶이 니

가르침 따름만-이 살 길 이란 다짐으로 간
가르침 따름만-이 살 길 이란 다짐으로 반

절 히 시시 때때 회광 반조 아 미 타불- 백-
조 의 아미타불 나도잊은 삼 매 의 앎- 깨-

팔 염주 일상화 로 기어이- 크게 깨쳐 크나
담 기에좋은때 니 기어이- 원을이뤄 금생

큰- 님-의은혜 갚으리라 아미타-불-
에- 구-제중생 불은갚길 아미타-불-

Fine

소중한 삶

작사 문재현
작곡 배신영
노래 홍노경

(모데라토) ♩ = 100

소 중

한   나날들을   아 끼 면 서   사랑으 로   베풀
은   영원하 고   행복 한삶   회복하 려   노력

불법

며   사노라 면   삶이란 고해만 은-   아니리   라
하 는 길-이 니   우리의 삶앞날 은-   밝으리   라

고 운시 선-   고운말로-   어 울-   려-
좋 은마 음-   좋은말로-   감 싸-   주 고-

격 려하며 -   힘 든 삶 -   극   복   하 면
삶 - 속에 -   불 법 을 -   실 - 천   하 면

좋 은업-   좋 은날-   약속이아니 던 가
영 원하고- 행 복 한삶-   약 속 이 아 니 던 가

Fine

석가모니불

작사 문재현
작곡 배신영
노래 홍노경

국악가요

석가 모니 불 -
석가 모니 불 -

거룩한 - 석가모니불 - 하늘땅에 - 유일한 - 님 - 이기 에 우러
거룩한 - 석가모니불 - 하늘땅에 - 유일한 - 님 - 이기 에 우러

러 간절 하게 - 기도하 면 내소원이루어 지지요 - 탐 - 욕
러 가르 침을 - 따른다 면 언제나행복하 지 요 - 선 - 법

을 - 보시로 다스려서 행 - 하고 진 - 심을 - 인
을 - 깨달아 생활화를 함으로써 이 - 세 상 - 이

욕으로 - 실천하면우 리 바 - 라 는 그 세 - 상 - 활 짝 - 열리네 - 불 - 법의
대로를 - 낙원으로님 이 바 - 라 신 그 소 - 원 - 꽃 을 - 피우리 - 불 - 법의

진 리 깨달으면 - 함 없 - 는 - 함 - 으로 - 님 의 은 혜 갚으 -
진 리 깨달으면 - 함 없 - 는 - 함 - 으로 - 님 의 은 혜 갚으 -

리 석가 - 모 - 니 - 불 - 우 리 - 부 처 - 님 -
리 석가 - 모 - 니 - 불 - 우 리 - 부 처 - 님 -

Fine

196 화엄경 2권

맹서의 노래

작사 문재현
작곡 배신영
노래 홍노경

느리게

부록4 - 가슴으로 부르는 불심의 노래 197

염원의 노래

작사 문재현
작곡 배신영
노래 홍노경

느리게

음성공양

작사 문재현
작곡 배신영
노래 홍노경

느리게

가사:

님 그사랑속의 우리는 행복이로세 세월
위 빛이신당신 오심은 영광이로세 나를

흐름깊-은만큼 젖어든- 나의이행복 이
깨운반야-의 지-혜- 닦아이뤄서 님

세상의-모든분들 부처님 사랑에- 젖고젖어봐요 젖
의은혜-보답하는 그서원 다하는- 초지일관으로 구

은만치복-되-고 행복을누-리리니 오낙
류중생멸-도-해 이세상이-대로를 원

는-나날그자체그대로가 낙원-이-길 서
원-으로이루어함께누릴 그날-오-길 합

원하는 기도-로-써 음성
장기도노 래-로-써 음성

공양올리옵니-다 **Fine**
공양올리옵니-다

발 심 가

작사 문재현
작곡 배신영
노래 홍노경

보사노바

우 - 리 네 한 세 상 - 　보 람 찬 삶 - 으 로 -
참 - 나 를 깨 달 아 - 　보 림 을 하 - 고 요 -
본 - 연 - 한 몸 의 - 　능 력 을 베 - 풀 어 -
눈 - 깜 박 하 는 새 - 　한 세 상 다 - 가 고 -

바 꾸 기 위 - 하 여 - 　닦 아 들 봅 - 시 다 -
자 비 심 발 - 하 여 - 　구 제 길 나 - 서 서 -
극 - 락 세 - 계 - 　장 엄 을 하 - 구 요 -
부 귀 와 공 - 명 은 - 　잠 시 의 꿈 - 이 라 -

청 춘 - 홍 안 이 - 　얼 마 나 길 - 던 가 -
중 생 들 세 계 에 - 　고 통 을 없 - 애 어 -
둥 실 - 두 둥 실 - 　누 리 기 위 - 하 여 -
이 러 한 되 풀 이 - 　금 생 에 끝 - 내 어 -

꿈 꾸 는 사 - 이 에 - 　백 발 이 된 - 다 네 -
극 락 이 되 - 도 록 - 　최 선 을 다 - 하 세 -
오 늘 의 어 - 려 움 - 　극 복 을 해 - 내 세 -
윤 회 의 사 슬 에 서 - 　벗 어 나 납 - 시 다 -

1-2절 D.C
3-4절

200 화엄경 2권

자비의 품

작사 문재현
작곡 배신영
노래 홍노경

느리게

자 대비 보 살 의 사 랑 알지 못 하 고 -
자 대비 보 살 의 사 랑 자 비 의 품 을 -

외 면 한 저 중 생 들 을 - 그 래도 가 - 없 어 -
떠 나 간 저 중 생 들 을 - 저 리도 애 - 타 게 -

잊 - 지 못 하 는 그 진 한 - 마 음 모 른
부 르고 부 르 는 절 절 한 - 마 음 새 기

체 하 고 - 업 따 라 갈 수 가 있 - 나 아 - 아 하 늘 땅
고 새 기 면 - 업 따 라 갈 수 가 있 - 나 - 아 - 아 하 늘 땅

사 이 - 다 시 또 없 는 자 비 의 품 에 - 어 서 돌 아 와
사 이 - 다 시 또 없 는 자 비 의 품 에 - 어 서 돌 아 와

감 로 수 에 소 - 원 이 루 - 라 - Fine
감 로 수 에 소 - 원 이 루 - 라 -

부처님 은혜 1

작사 문재현
작곡 배신영
노래 홍노경

느리게

노을이 짙고 새둥지 찾을 땐 부처님의 절절한 말씀 생각이 나고

눈에 이슬 맺힌채 참회 기도 명상으로써 억 겁업을

재우노라면 구름그늘 서늘한바 람 불어옴을 맞음 이랄까

상쾌하고 확트인 가슴 희망의 미소

입가에 번지고 콧노래가 절로 흘러나온다 고맙

습니다 참 고맙습니다 더없이큰부처님은 혜

구류중생을 구제함으로써 갚는것이서원 입니다 서원

향해 뛸 것입니다 서원향해 다할것입니다 다

Fine

보살의 마음

작사 문재현
작곡 배신영
노래 홍노경

느리게

이 생에 해야 할일

작사 문재현
작곡 배신영
노래 홍노경

세상사람 날찾는일 등한하지 - 만 생각들
번갯불이 스쳐가듯 가는한세 - 상 맘닦아

해보구려 그러할일이던 가 번갯불 - 스쳐가듯 -
긴 미래를 내마음내뜻대 로 대천세계 여저기서 -

아 - 아 무 상 한 한 세 - 상
아 - 아 풍 류 를 누 리 - 며

- 맘 닦 - 아 내 낙원을 -
끝없 - 는 구 제 의 길 -

내이뤄 누리는일 아 - 아 우리모 -
자비로 실천할일 아 - 아 우리모 -

두 해야 할일 이일뿐일 세 해야 할일 이일뿐일
두 해 야 할일 이일뿐일 세 해 야 할 일 이일뿐일

세 -
세 -

DS. all play

구도의 목표

작사 문재현
작곡 배신영
노래 홍노경

느리게

님은 아시리

부처님 은혜 2

작사 문재현
작곡 배신영
노래 홍노경

성중성인 오셨네

(초파일노래)

작사 문재현
작곡 배신영
노래 홍노경

내 문제는 내가 풀자

작사 문재현
작곡 배신영
노래 홍노경

즐거운 밤

작사 문재현
작곡 배신영
노래 홍노경

Trot Disco ♩ = 145

10 화엄경 2권

관음가

작사 문재현
작곡 배신영
노래 홍노경

조금빠르게 ♩ = 130

꽃을보아도 먼 산을보아도 그리움그리움이 - 더 해 -

진 관 - 세 - 음 관 - 세 - 음은 -

포 - 근한 아 - 아 - 품이랍니 - 다 -

기쁠때에 도 어 - 려울때에도 자애

로 다 가 오 셔 서 힘 - 이 되 -

신 관 - 세 음 관세음은 - 포 근 한 - 품 - 이 랍 니

- 다 -

Fine

부 처 님

작사 문재현
작곡 배신영
노래 채연희

Slow GoGo ♩ = 80

이 슬방울 의 아 침햇빛보다 –
영 롱한 님이 시 고 – 금 구슬에 – 반 짝 이 는 –
빛 보 다 아 름 다운 님이 시 며 –
보 석 의 찬란한 빛 보 다 눈 부 신 님이 시 기 에 생 각
만 하 여 도 설 레 이 고 이 름 만 들 어 도 행 복 한 님
영 원 한 우 리 들 의 님 이 십 – 니 – 다

212 화엄경 2권

열반재일

작사 문재현
작곡 배신영
노래 채연희

Slow GoGo ♩ = 86

인연다함- 아시기에- 구제방편- 거두시어-
대자대비- 거룩하신- 가르치심- 이세상에-

열반드신- 그자재는- 그누구가- 흉내인들-
길이길아 펼처져서- 그언젠가- 이고해가-

내오리까- 오고감을 뜻대로한
낙원으로- 되는날을 믿는마음

거-룩함에 정 례 합 니 다 정
우-러러서 정 례 합 니 다 정

례 합-니 다-
례 합-니 다-

Fine

성도재일

작사 문재현
작곡 배신영
노래 채연희

석굴암의 노래

작사 문재현
작곡 배신영
노래 채연희

님의 모습

작사 문재현
작곡 배신영
노래 채연희

Slow Waltz ♩ = 82

A Am — Dm

C — E⁷ — Am

B Am — Dm — E⁷

합 장 속 의　봉 – 화 처 럼
대 자 비 의　육 – 신 통 을
님 의 모 습　그 – 위 력 에

Am — G/B — C — Dm — E

나 타 나 신　모 – 습
갖 춰 나 이 튼　모 – 습
보 림 이 튼　마 – 음

Am — G/B — C — E⁷ — Am

사 색 속 의　태 – 양 처 럼
우 리 들 의　온 – 갖 소 원
님 의 모 습　나 – 튼 찰 나

Am — E⁺⁵ — E⁷ — Am

나 타 나 신 – 모 – 습
이 뤄 주 신 – 모 – 습
둘 이 아 닌 – 마 – 음

Am — E — Am — E

아 – 아 – 미 소 속 – 의
아 – 아 – 백 천 삼 – 매
아 – 아 – 님 의 모 – 습

무 지 개 를   타 - 고   나 - 툰 - 모 -
나 에 게 서   깨 - 워   주 - 신 - 모 -
그 대 로 가   유 - 마   묵 - 연 - 마 -

습
습
음

Fine

믿고 따르세

작사 문재현
작곡 배신영
노래 채연희

Dsico (double beat) ♩= 136

고 - 해일 - 러 낙원이라 한 불보 - 살님그 - 말씀 의
참 나깨 - 친 밝은지혜로 선행 - 닦아사 - 상없 는

진 실한경지 알려 - 거든 보고듣는 그곳향해
일 상의생활 이루 - 는날 고해일러 낙원이란

명 - 상하 - 게 명상 - 으로분 - 별
말 - 씀의 - 뜻 내 - 뜻 - 되 - 어

망 상없 - 어지 고 고요로움 극해지면
큰웃음을 - 껄껄짓 고 대장부로 삼계구할

불 멸의 나 깨 - 치 네
서 원세 워 행 - 하 리

Fine

신명을 다하리

작사 문재현
작곡 배신영
노래 채연희

부처님께 바치는 마음

작사 문재현
작곡 배신영
노래 채연희

감사합니다

작사 문재현
작곡 배신영
노래 채연희

교 화 가

작사 문재현
작곡 배신영
노래 채연희

주 장 자 떨 처 메 고 -
주 장 자 떨 처 메 고 -
주 장 자 떨 처 메 고 -

방 랑 삼 - 천 계 -
방 랑 삼 - 천 계 -
방 랑 삼 - 천 계 -

흰 구 름 뜬 고 개 - 넘 어
흰 구 름 뜬 고 개 - 넘 어
흰 구 름 뜬 고 개 - 넘 어

오 신 님 이 누 - 구 뇨 -
오 신 님 이 누 - 구 뇨 -
오 신 님 이 누 - 구 뇨 -

사 바 세 계 중 생 들 을
구 류 중 생 그 릇 따 라
화 장 세 계 열 어 놓 고

구 제 를 할 때 —
교 화 를 할 때 —
노 래 를 하 며

갖 은 방 편 어 려 움 도
제 안 경 에 갖 은 시 비
춤 을 추 는 이 환 회 를

웃 어 넘 는 스 — 승 님 —
웃 어 넘 는 스 — 승 님 —
함 께 하 잔 스 — 승 님 —

1.2 = 1절 3 = 2절

섬진강 소초

작사 문재현
작곡 배신영
노래 채연희

광 양 - 포 구 팔 십 - 리 의 거 룻 배에 몸을 싣 고
하 동 - 포 구 팔 십 - 리 에 거 룻 배를 띄워놓 고

석 양 노 을 고 운 빛 에 물 새 도 맘 읽 누 나
노 을 들 어 법 문 하 니 어 우 러 진 웃 음 이 네

광 양 하 동 어 우 름 의 한결같은 섬 진 강 은
이 위 력 이 세 상 그 늘 모두거둬열 린 세 상

머 언 머 언 그 날 에 도 오 늘 처 럼 - 흐 르 리 라
평 등 낙 원 누 림 으 로 노 래 하 며 - 살 게 되 리

우 리 도 저 런 맘 길 이 지 녀 누 리 며 사 세
그 날 을 위 한 삶 모 두 함 께 노 력 해 사 세

Fine

권 수 가 1

작사 문재현
작곡 배신영
노래 채연회

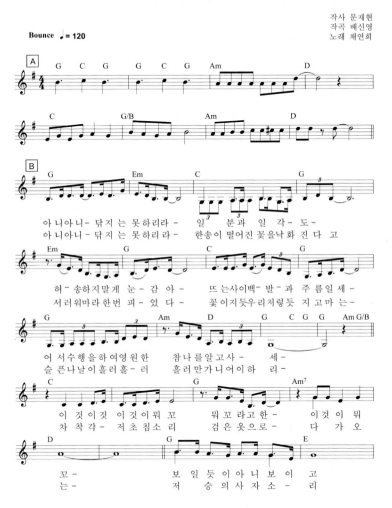

아니아니- 닦지는 못하리라 - 일 분과 일 각 도-
아니아니- 닦지는 못하리라 한송이 떨어진 꽃을 낙 화 진 다 고

허 - 송하지말게 눈 - 감 아 - 뜨 는사이백- 발 - 과 주 름 일세 -
서러워마라 한번 피- 었 다 - 꽃 이 지 듯 우리저렇듯 지 고 마 는 -

어 서수행을하여영원한 참나를알고사 - 세 -
슬 픈나날이흘러흘- 러 흘러만가 니 어 이 하 리 -

이 것 이것 이 것이 뭐 꼬 뭐 꼬라고 한 - 이것이 뭐
차 착각 - 저초침소리 검 은 옷으로 - 다 가 오

꼬 - 보 일 듯이아니보 이 고
는 - 저 승 의사자소 - 리

이룰듯하다가 놓쳤으니 - 하루하루가 태산만같게
어찌아 니 슬플쏜가 - 숙 - 명적인 인과라해도

커져만 - 가는게 의심일세 - 얼씨구나 좋 다 -
극복해 - 넘기에 어려웁네 - 얼씨구나 좋 다 -

지 화자좋 네 - 아니닦지는 - 코러스 -
지 화자좋 네 - 아니닦지는

못 - 하리 - 라 -
못 - 하리 - 라 -

Fine

권 수 가 2

작사 문재현
작곡 배신영
노래 채연회

Bounce ♩ = 120

아니아니- 닦지는 못하리라 - 적적요요달밝은- 밤 - 에 -
아니아니- 닦지는 못하리라 - 어지러운번뇌 - 망 - 상 -

단정히눈을감은깊은삼매 - 대상없는낙에취해 짓는미소 -
털- 고이룬보리마음모든속박 - 다떨치고호연지기를누리는데 -

한산습득이즐겨누리는 그낙이아니던 - 가 -
송죽바람솔솔향기 그윽하고 - 그윽하 네 -

모두들- 저런낙을- 누리려거든 - 닦고닦
산새도- 노래하니- 너도좋고 - 나도좋

소 - 삼세모든불보살님도
다 - 삼세제불무현금 - 에

두타의수행을 인내로써 하루하루를 수행해왔던
역-대조-사 무공적의 명-월삼경 이좋은밤을

결실로-얻어진 과위라네 얼 씨구나 좋 다
두둥실-두둥실 즐겨보세 얼 씨구나 좋 다

지 화 자 좋 네 아 니 닦 지 는 -코러스-
지 화 자 좋 네 아 니 닦 지 는

못 - 하 리 - 라 **Fine**
못 - 하 리 - 라

우란분재일

작사 문재현
작곡 배신영
노래 채언희

고맙습니다

작사 문재현
작곡 배신영
노래 채연희

믿음으로 여는 세상

작사 문재현
작곡 배신영
노래 채연희

Slow ♩ = 76

우리들 모두가　부처님 의지해 -　활짝 열린 가슴으로　써
우리들 모두가　참선을 할때는 -　모두 비워 명경지수　로

다 같이 도와서 -　살아들간 - 다면　훈풍같은 앞날이리　라
참 나를 관조해 -　실경에 사 - 무쳐　깨달아서 활짝 웃는　날

아 - 즐 - 겁게　즐겁게 마 - 음을　다스려 참모습을　이루노라 면
아 - 즐 - 겁게　즐겁게 법 - 담을　함으로 꽃피울걸　맹세를 하 고

정 - 토의 세상 이　우 리를 맞 - 으리　우리모두 기도합시
정 - 진에 정진을　정 진에 정 - 진을　우리모두 실천합시

다　다 같이 기도합시 - 다
다　다 같이 실천합시 - 다

Fine

출가재일

작사 문재현
작곡 배신영
노래 채연희

장하십니다 장하십니다
장하십니다 장하십니다

그의지가 장하십니다
갖은역경 부딪쳐서도

이세상의 모든사람 탐을내는 왕의지위와
초지일관 변함없음 우러러서 존경합니다

왕비와의 궁중낙을 미련없이 버리시고
나밖에서 찾으려는 어리석음 버리고서

고 - 행수 - 도 하겠다한 - 굳은의지 머리
내 - 안에 - 서 찾으려한 - 깨침향한 굳은

숙여찬탄합니다 찬탄합니다
의지찬탄합니다 찬탄합니다

염 원

작사 문재현
작곡 배신영
노래 채연희

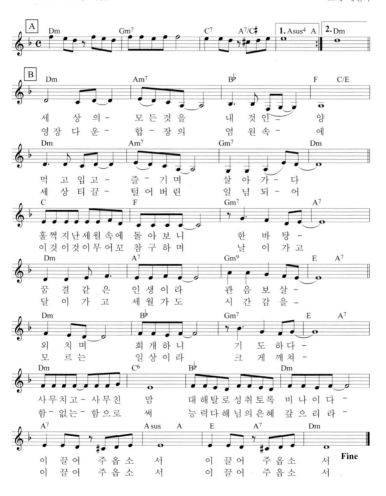

우리네 삶, 고운 수로

작사 문재현
작곡 배신영
노래 채연희

숲속의 마음

작사 문재현
작곡 배신영
노래 채연회

사 색

작사 대원 문재현
작곡 배신영

조 용 - 히 눈 - 감 고 - 서 참 - 나 를 살 펴 - 봐 요
조 용 - 한 사 - 색 으 - 로 깨 - 달 아 살 펴 - 보 면

갖 은 생 각 모 든 행 이 이 로 좇 아 있 건 만 - 은
온 갖 지 혜 모 든 덕 이 이 로 좇 아 있 - 음 - 에

색 깔 도 모 양 도 없 어 알 - 고 파 서 사 색 일 세 모 든 걸 내 려 놓 고 -
그 능 력 베 풀 고 펼 쳐 누 - 리 려 고 수 행 일 세 모 두 를 다 비 우 고 -

쉬 는 시 간 사 색 으 로 한 걸 음 또 한 걸 음 다 가 서 는 노 력 다 해 기 어 이 성 취 하 여
님 의 자 취 따 름 으 로 한 걸 음 또 한 걸 음 극 락 세 계 다 가 가 서 기 어 이 성 취 하 여

낙 원 의 - 삶 - 누 리 려 네
너 나 없 - 이 - 누 려 보 세

천부경을 아시나요

작사 대원 문재현
작곡 배신영

우리조상 깊－은진리 천부경을아시나 요
바른진리 깨－달아서 이세상을바로봐 요

여든－－ 한－자속에누 리의－온이－치－ 를
마음－－의 능－력으로펼 쳐놓은장엄－이－ 라

남김없이－ 담으셨－네－ 필부의사내－ 라 도
화려하고－ 아름답－네－ 이땅인이대－ 로 가

마음을－갈고닦－ 아 영원 한참－나께－ 처
낙원의－세계이－ 니 노래 와춤－으로－ 써

환인－ 큰은혜에 보답－ 해사－ 세
어깨－ 동무하고 영원－ 히사－ 세

보 살 가

작사 대원 문재현
작곡 김동환

너무느리지않게 ♩ = 80

세상사에어 울린 구 제 의길

어려움도웃어넘긴 이 마음을   흰 구름너도알리 라

성불의보리과를 이루기위해   두타의수행으로 써

이세계저세계서 닦았던보현행을 영원히펼치 — 리

도서출판 문젠(Moonzen)의 책들

1~5. 바로보인 전등록 (전30권을 5권으로)

7불과 역대 조사의 말씀이 1,700공안으로 집대성되어 있는 선종 최고의 고전으로, 깨달음의 정수가 살아 숨쉬도록 새롭게 번역되었다.

464, 464, 472, 448, 432쪽.

각권 18,000원

6. 바로보인 무문관

황룡 무문 혜개 선사가 저술한 공안집으로 전등록, 선문염송, 벽암록 등과 함께 손꼽히는 선문의 명저이다.

본칙 48개와 무문 선사의 평창과 송, 여기에 역저자인 대원 문재현 선사의 도움말과 시송으로 생명과 같은 선문의 진수를 맛보여 주고 있다.

272쪽. 12,000원

7. 바로보인 벽암록

설두 선사의 설두송고를 원오 극근 선사가 수행자에게 제창한 것이 벽암록이다.

이 책은 본칙과 설두 선사의 송, 대원 문재현 선사의 도움말과 시송으로 이루어져, 벽암록을 오늘에 맞게 바로 보이고 있다.

456쪽. 15,000원

8. 바로보인 천부경

우리 민족 최고(最古)의 경전 천부경을 깨달음의 책으로 새롭게 바로 보였다. 이 책에는 81권의 화엄경을 81자에 함축한 듯한 천부경과, 교화경, 치화경의 내용이 함께 담겨 있으며, 역저자인 대원 문재현 선사가 도움말, 토끼뿔, 거북털 등으로 손쉽게 닦아 증득하는 문을 열어놓고 있다.

432쪽. 15,000원

9. 바로보인 금강경

대원 문재현 선사의 『바로보인 금강경』은 국내 최초로 독창적인 과목을 내어 부처님과 수보리 존자의 대화 이면의 숨은 뜻을 드러내고, 자문과 시송으로 본문의 핵심을 꿰뚫어 밝혀, 금강경 전체를 손바닥 안의 겨자씨를 보듯 설파하고 있다.

488쪽. 15,000원

10. 세월을 북채로 세상을 북삼아

대원 문재현 선사의 선시가 담긴 선시화집 『세월을 북채로 세상을 북삼아』는 선과 시와 그림이 정상에서 만나 어우러진 한바탕이다. 선의 세계를 누리는 불가사의한 일상의 노래, 법열의 환희로 취한 어깨춤과 같은 선시가 생생하고 눈부시게 내면의 소리로 흐른다.

180쪽. 15,000원

11. 영원한현실

애매모호한 구석이 없이 밝고 명쾌하여, 너무도 분명함에 오히려 그 깊이를 헤아리기 어려운, 대원 문재현 선사의 주옥같은 법문을 모아 놓은 법문집이다.

400쪽. 15,000원

12. 바로보인 신심명

신심명은 양끝을 들어 양끝을 쓸어버리는, 40대치법으로 이루어진, 3조 승찬 대사의 게송이다.

이를 대원 문재현 선사가 바로 번역하는 것은 물론, 주해, 게송, 법문을 더해 통쾌하게 회통하고 자유자재 농한 것이 이 『바로보인 신심명』이다.

296쪽. 10,000원

13~17. 바로보인 환단고기 (전5권)

『바로보인 환단고기』 1권은 민족정신의 정수인 환단고기의 진리를 총정리하여 출간하였다.

2권에는 역사총론과 태초에서 배달국까지 역사가 실려있으며, 3권은 단군조선, 4권은 북부여에서부터 고려까지의 역사가 실려있다. 5권에는 역사를 증명하는 부록과 함께 환단고기 원문을 실었다.

344 · 368 · 264 · 352 · 344쪽. 각권 12,000원

18~47. 바로보인 선문염송 (전30권)

선문염송은 세계최대의 공안집이다. 전 공안을 망라하다시피 했기에 불조의 법 쓰는 바를 손바닥 들여다보듯 하지 않고는 제대로 번역할 수 없다. 대원 문재현 선사는 전 공안을 바로 참구할 수 있게끔 번역하고 각 칙마다 일러보였다.

352 368 344 352 360 360 400 440 376 392 384 428 410 380 368 434 400 404 406 440 424 460 472 456 504 528 488 488 480 512쪽

각권 15,000원

48. 앞뜰에 국화꽃 곱고 북산에 첫눈 희다

대원 문재현 선사의 선문답집으로 전강·경봉·숭산·묵산 선사와의 명쾌한 문답을 실었으며, 중앙일보의 <한국불교의 큰스님 선문답> 열 분의 기사와 기자의 질문에 대한 대원 문재현 선사의 별답을 함께 실었다.

200쪽. 5,000원

49. 바로보인 증도가

선종사에 사라지지 않을 발자취로 남은 영가 선사의 증도가를 대원 문재현 선사가 번역하고 법문과 송을 더하였다.

자비의 방편인 증도가의 말씀을 하나하나 쳐가는 선사의 일갈이야말로 영가 선사의 본의중과 일치하여 부합하는 것이라 아니할 수 없다.

376쪽. 10,000원

50. 바로보인 반야심경

이 시대의 야부 선사, 대원 문재현 선사가 최초로 반야심경에 과목을 붙여 반야심경 내면에 흐르는 뜻을 밀밀하게 밝혀놓고 거침없는 송으로 들어보였다.

200쪽. 10,000원

51~52. 선(禪)을 묻는 그대에게 (전10권 중 2권)

대원 문재현 선사의 선수행에 대한 문답집. 깨달아 사무친 경지에 대한 밀밀한 점검과, 오후보림에 대한 구체적인 수행법 제시와, 최초의 무명과 우주생성의 원리까지 낱낱이 설한 법문이 담겨 있다.

280쪽, 272쪽. 각권 15,000원

53. 바로보인 선가귀감

선가귀감은 깨닫고 닦아가는 비법이 고스란히 전수되어 있는 선가의 거울이라 할 만하다. 더욱이 바로보인 선가귀감은 매 소절마다 대원 문재현 선사의 시송이 화살을 과녁에 적중시키듯 역대 조사와 서산대사의 의중을 꿰뚫어 보석처럼 빛나고 있다.

352쪽. 15,000원

54. 바로보인 법융선사 심명

심명 99절의 한 소절, 한 소절이 이름 그대로 마음에 새겨두어야 할 자비광명들이다.
이 심명은 언어와 문자이면서 언어와 문자를 초월한 일상을 영위하게 하는 주옥같은 법문이다.

278쪽. 12,000원

55. 주머니 속의 심경

반야심경은 부처님이 설하신 경 중에서도 절제된 경으로 으뜸가는 경이다. 대원 문재현 선사의 선송(禪頌)도 그 뜻을 따라 간략하나 선의 풍미를 한껏 담고 있다. 하루에 한 소절씩을 읽고 참구한다면 선 수행의 지름길이 될 것이다.

84쪽. 5,000원

56. 바로보인 법성게

법성게는 한마디로 화엄경의 핵심부를 온통 훤출히 드러내놓은 게송이다. 짧은 글 속에 일체의 법을 이렇게 통렬하게 담아놓은 법문도 드물 것이다.
이렇게 함축된 법성게 법문을 대원 문재현 선사가 속속들이 밀밀하게 설해놓았다.

176쪽. 10,000원

57. 달다 - 전강 대선사 법어집

이제는 전설이 된 한국 근대선의 거목인 전강 선사님의 최상승법과 예리한 지혜, 선기로 넘쳤던 삶이 생생하게 담겨 있는 전강 대선사 법어집 < 달다 > !
전강 대선사님의 인가 제자인 대원 문재현 선사가 전강 대선사님의 법거량과 법문, 일화를 재조명하여 보였다.

　368쪽. 15,000원

58. 기우목동가

그 뜻이 심오하여 번역하기 어려웠던 말계 지은 선사의 기우목동가!
대원 문재현 선사가 바른 뜻이 드러나도록 번역하고, 간결한 결문과 주옥같은 선송으로 다시 보였다.

　146쪽. 10,000원

59. 초발심자경문

이 초발심자경문은 한문을 새기는 힘인 문리를 터득하게 하기 위하여 일부러 의역하지 않고 직역하였다.
대원 문재현 선사의 살아있는 수행지침도 실려 있다.

　266쪽. 10,000원

60. 방거사어록

방거사어록은 선의 일상, 선의 누림을 보여주는 대표적인 선문이다. 역저자인 대원 문재현 선사는 방거사어록의 문답을 '본연의 바탕에서 꽃피우는 일상의 함'이라 말하고 있다. 법의 흔적마저 없는 문답의 경지를 온전하게 드러내 놓은 번역과, 방거사와 호흡을 함께 하는 듯한 '토끼뿔'이 실려 있다.

266쪽. 15,000원

61. 실증설

이 책의 모태는 대원 문재현 선사가 2010년 2월 14일 구정을 맞이하여 불자들에게 불법의 참뜻을 보이기 위해 홀연히 펜을 들어 일시에 써내려간 이 책의 3부이다. 실증한 이가 아니고는 설파할 수 없는 일구 도리로 보인 이 3부와 태초로부터 영겁에 이르는 성품의 이치를 문답과 인터뷰 법문으로 낱낱이 설한 1, 2를 보아 실증하기를…

224쪽. 10,000원

62. 하택신회대사 현종기

육조대사의 법이 중국천하에 우뚝하도록 한 장본인, 하택신회대사의 현종기. 세간에 지해종도로 알려져 있는 편견을 불식시키는 뛰어난 깨달음의 경지가 여기에 담겨있다. 대원 문재현 선사가 하택신회대사의 실경지를 드러내고 바로보임으로써 빛냈다.

232쪽. 10,000원

63. 불조정맥 - 韓·英·中 3개국어판

석가모니불로부터 현 78대에 이르기까지 불조정맥진영(佛祖正脈眞影)과 정맥전법게(正脈傳法偈)를 온전하게 갖춘 최초의 불조정맥서. 대원 문재현 선사가 다년간 수집, 정리하여 기도와 관조 끝에 완성한 『불조정맥』을 3개 국어로 완역하였다.

216쪽. 20,000원

64. 바른 불자가 됩시다

참된 발심을 하여 바른 신앙, 바른 수행을 하고자 해도, 그 기준을 알지 못해 방황하는 불자님들을 위해 불법의 바른 길잡이 역할을 하도록 대원 문재현 선사가 집필하여 출간하였다.

162쪽. 10,000원

65. 누구나 궁금한 33가지

21세기의 인류를 위해 모든 이들이 가장 어렵고 궁금해 하는 문제, 삶과 죽음, 종교와 진리에 대한 바른 지표를 제시하고자 대원 문재현 선사가 집필하여 출간하였다.

180쪽. 10,000원

66. 108진참회문 - 韓·英·中 3개국어판

전생의 모든 악연들이 사라져 장애가 없어지고, 소망하는 삶을 살게 하기 위해 대원 문재현 선사가 10계를 위주로 구성한 108 항목의 참회문이다. 한 대목마다 1배를 하여 108배를 실천할 것을 권한다.

170쪽. 15,000원

67. 달마의 일할도 허락지 않는다

대원 문재현 선사의 짧고 명쾌한 법문집. 책을 잡는 순간 달마의 일할도 허락지 않는 선기와 맞닥뜨리게 될 것이다. 때로는 하늘을 찌를 듯한 기세와, 때로는 흔적 없는 공기와도 같은 향기를 일별하기를…

190쪽. 10,000원

68. 마음대로 앉아 죽고 서서 죽고

생사를 자재한 분들의 앉아서 열반하고 서서 열반한 내력은 물론 그분들의 생애와 법까지 일목요연하게 수록해놓았다.

446쪽. 15,000원

69. 화두 - 韓 · 英 · 中 3개국어판

『화두』는 대원 문재현 선사의 평생 선문답의 결정판이다. 생생하게 살아있는 선(禪)을 한 · 영 · 중 3개국어로 만날 수 있다. 특히 대원 문재현 선사의 짧은 일대기가 실려 있어 그 선풍을 음미하는 데에 큰 도움을 주고 있다.

440쪽. 15,000원

70. 바로보인 간당론

법문하는 이가 법리를 모르고 주장자를 치는 것을 눈먼 주장자라 한다. 법좌에 올라 주장자 쓰는 이들을 위해서 대원 문재현 선사가 간당론에서 선리(禪理)만을 취하여 『바로보인 간당론』을 출간하였다.

218쪽. 20,000원

71. 완전한 우리말 불공예식법

부처님께 공양을 올리고 불보살님의 가피를 구하는 예법 등을 총칭하여 불공예식법이라 한다. 대원 문재현 선사가 이러한 불공예식의 본 뜻을 살려서 완전한 우리말본 불공예식법을 출간하였다.

456쪽. 38,000원

72. 바로보인 유마경

유마경은 가히 불법의 최정점을 찍는 경전이라 할 것이니, 불보살님이 교화하는 경지에서의 깨달음의 실경과 신통자재한 방편행을 보여주는 최상승 경전이다. 대원 문재현 선사가 < 대원선사 토끼뿔 >로 이 유마경에 걸맞는 최상승법을 이 시대에 다시금 드날렸다.

568쪽. 20,000원

73. 실증설 5개국어판 - 韓·英·佛·西·中 5개국어판

대원 문재현 선사가 불법의 참뜻을 보이기 위해 홀연히 펜을 들어 일시에 써내려간 실증설! 실증한 이가 아니고는 설파할 수 없는 도리로 가득한 이 책이 드디어 영어, 불어, 스페인어, 중국어를 더하여 5개국어로 편찬되었다.

860쪽. 25,000원

74. 누구나 궁금한 33가지 3개국어판 - 韓·英·中 3개국어판

누구라도 풀어야 할 숙제인 33가지의 의문에 대한 답을 21세기의 현대인에게 맞는 비유와 언어로 되살린 『누구나 궁금한 33가지』가 한글, 영어, 중국어 3개국어로 출간되었다.

408쪽. 15,000원

75. 달마의 일할도 허락지 않는다 3개국어판

- 韓·英·中 3개국어판

대원 문재현 선사의 짧고 명쾌한 법문집인 『달마의 일할도 허락지 않는다』가 한글, 영어, 중국어 3개국어로 출간되었다. 전세계에서 유일하게 활선의 가풍이 이어지고 있는 한국, 그 가운데에서도 불조의 정맥을 이은 대원 문재현 선사가 살활자재한 법문을 세계로 전하고 있는 책이다.

308쪽. 15,000원

76. 화엄경 1권 (전81권 중 1권)

대원 문재현 선사님은 선문염송 30권, 전등록 30권을 모두 역해하여 세계 최초로 1,463칙 전 공안에 착어하였다. 이러한 안목으로 대천세계를 손바닥의 겨자씨 들여다보듯 하신 불보살님들의 지혜와 신통으로 누리는 불가사의한 화엄세계를 열어 보였다.

206쪽. 15,000원

법문 MP3를 주문판매합니다

부처님의 78대손이신 대원(大圓) 문재현(文載賢) 전법선사님의 법문 MP3가 나왔습니다. 책으로만 보아서는 고준하여 알기 어려웠던 선문(禪文)의 이치들이 자세히 설하여져 있어서, 모든 궁금증을 시원하게 풀어줄 것입니다.

- 천부경 : 15,000원
- 신심명 : 30,000원
- 현종기 : 65,000원
- 기우목동가 : 75,000원
- 반야심경 : 1회당 5,000원 (총 32회)
- 선가귀감 : 1회당 5,000원 (총 80회)

- 금강경 : 40,000원
- 법성게 : 10,000원
- 법융선사 심명 : 100,000원

대원 선사님 작사 노래 CD 주문판매합니다

가슴으로 부르는
불심의 노래

1. 서 원 가 (3:36)
2. 반조 염불가 (4:00)
3. 소중한 삶 (2:30)
4. 석가모니불 (4:52)
5. 맹서의 노래 (4:25)
6. 염원의 노래 (3:25)
7. 음성 공양 (3:51)
8. 발 심 가 (3:05)
9. 자비의 품 (4:10)
10. 부처님 은혜(첫 번째) (4:34)

11. 보살의 마음 (3:50)
12. 이 생에 해야 할 일 (3:08)
13. 구도의 목표 (3:18)
14. 닮은 아시리 (3:42)
15. 부처님 은혜(두 번째) (4:34)
16. 성중성인 오셨네 (3:10)
17. 내 문제는 내가 풀자 (2:38)
18. 즐거운 밤 (2:27)
19. 관 음 가 (2:48)

• 가격 : 2만원

가슴으로 부르는
불심의 노래 2

1. 부 처 님 (4:01)
2. 열반재일 (3:09)
3. 성도재일 (4:00)
4. 석굴암의 노래 (3:19)
5. 님의 모습 (3:15)
6. 믿고 따르세 (2:55)
7. 신명을 다하리 (4:17)
8. 부처님께 바치는 마음 (3:49)
9. 감사합니다 (3:10)
10. 교 화 가 (4:30)

11. 섬진강 소초 (3:08)
12. 권 수 가[1] (3:02)
13. 권 수 가[2] (3:02)
14. 우란분재일 (3:38)
15. 고맙습니다 (2:31)
16. 믿음으로 여는 세상 (3:05)
17. 출가재일 (2:44)
18. 염 원 (2:52)
19. 우리네 삶, 고운 수로 (2:35)
20. 숲속의 마음 (2:33)

• 가격 : 1만5천원

문의 전화 ☎ 031-534-3373

유튜브에서 채널 구독하시고
무료로 찬불가 앨범을 감상하세요

유튜브에서 MOONZEN을 검색하시거나
아래의 주소로 접속해주세요

http://www.youtube.com/user/officialMOONZEN

화엄경 2권은 성불사 국제정맥선원의 성운 이사순, 천불 김수현, 덕수 이희영, 천연 황혜영 본연님과 이국태, 이수민, 이상민님의 보시에 의해 출간되었습니다. 이 무량공덕으로 구경성불하시기를 기원합니다.